Teresa Majewsk

Interkulturelle Projektarbeit in der Kunst- und Kulturvermittlung

Handlungsmöglichkeiten und Entwicklungspotenziale durch ästhetische Bildung und Identitätsarbeit

Teresa Majewski

INTERKULTURELLE PROJEKTARBEIT IN DER KUNST- UND KULTURVERMITTLUNG

Handlungsmöglichkeiten und Entwicklungspotenziale durch ästhetische Bildung und Identitätsarbeit

ibidem-Verlag
Stuttgart

Bibliografische Information der Deutschen Nationalbibliothek
Die Deutsche Nationalbibliothek verzeichnet diese Publikation in der Deutschen Nationalbibliografie; detaillierte bibliografische Daten sind im Internet über http://dnb.d-nb.de abrufbar.

Bibliographic information published by the Deutsche Nationalbibliothek
Die Deutsche Nationalbibliothek lists this publication in the Deutsche Nationalbibliografie; detailed bibliographic data are available in the Internet at http://dnb.d-nb.de.

∞

Gedruckt auf alterungsbeständigem, säurefreien Papier
Printed on acid-free paper

ISBN-13: 978-3-8382-0227-3

Printed in Germany

Inhaltsverzeichnis

1 Einleitung

Als Kunst- und Kulturvermittlerin gehe ich auf Grund des heutigen Wissensstandes und persönlichen Erfahrungen davon aus, dass kreative und künstlerische Tätigkeit zu der Entwicklung und Stärkung eines positiven Selbstbildes des Menschen beitragen kann.
Die Zusammenarbeit in Interkulturellen Projekten öffnet den Horizont für fremde Lebenswelten, Einstellungen und Wahrnehmungen. Die gegenseitige Verständigung untereinander und das Verständnis füreinander werden geübt und gefördert. Konfrontationen von verschiedenen Vorstellungen bieten zudem Raum zur konstruktiven Auseinandersetzung mit Andersartigkeit und gleichzeitig Potenzial für das gemeinsame Finden von Lösungswegen.

Als eine wirkungsvolle Handlungsmöglichkeit in der kulturpädagogischen Praxis möchte ich die Projektmethode und ihre Vorzüge näher betrachten. Des Weiteren wird ermittelt, welchen Stellenwert die Projektmethode in der Kulturarbeit hat und auf welche Weise diese einen wichtigen Beitrag zur Persönlichkeitsentwicklung leisten kann. In diesem Zusammenhang ist es essentiell, allgemeine Aspekte ästhetischer Bildung herauszuarbeiten und den Begriff „Kultur" näher zu betrachten.

Um die Entwicklungspotenziale bei (Inter-)kultureller Projektarbeit herauszustellen, ist auch das vielschichtige Phänomen der „Identität" zu berücksichtigen, das in der vorliegenden Studie eine grundlegende Rolle spielt. Es werden verschiedene Identitätskonzepte vorgestellt, die für die Entwicklung des Identitätsbegriffs bedeutsam sind. Vertiefend folgt eine Beschreibung von „kultureller Identität", um die Relevanz kultureller und gesellschaftlicher Vorgaben im „Selbstbildungsprozess" zu verdeutlichen. Anschließend bildet die Betrachtung von gesellschaftlichen Voraussetzungen und Einflussfaktoren für eine gelungene Identitätsarbeit einen Schwerpunkt.

Durch die Verknüpfung psychosozialer mit künstlerisch-ästhetischer Arbeit mittels der Anwendung kultureller Medien bietet sich die Möglichkeit zum Selbstausdruck und zugleich die Chance zur individuellen Selbsterfahrung sowie zur persönlichen Weiterentwicklung.

In der Interkulturellen Projektarbeit begegnet das Individuum den jeweils spezifischen Wahrnehmungen und Vorstellungen unterschiedlicher Kulturkreise, wobei die Auseinandersetzung mit der eigenen Kultur und Persönlichkeit gefordert und somit Raum für Selbstreflexion geschaffen wird.
Um dies zu beleuchten und zu überprüfen, wird der Begriff der *Interkulturalität* im Verlauf der Arbeit näher betrachtet.
Nach der theoretischen Auseinandersetzung mit grundlegenden Begriffen werde ich mein Hauptanliegen – das Herausstellen von Entwicklungspotenzialen und Handlungsmöglichkeiten in der (Inter-)kulturellen Projektarbeit – an Beispielen aus der Praxis veranschaulichen.
Dabei wird zunächst das Gesamtprojekt der *KinderKulturKarawane* und darauffolgend das soziokulturelle Projekt *Taller de Vida* aus Bogotá, Kolumbien vorgestellt und dessen Beitrag zur Persönlichkeitsentwicklung erörtert. Angeregt durch persönliche Erfahrungen während der dreiwöchigen Tour mit *Taller de Vida* wird eine teilnehmende Beobachtung mein Anliegen verdeutlichen.
Interviews mit Hauptakteuren und Teilnehmern der genannten Projekte sollen meine Darstellungen ergänzen und erweitern. Dabei werden verschiedene Perspektiven zur Selbst- und Fremdwahrnehmung von kultureller Identität und den Entwicklungspotenzialen durch Interkulturelle Projektarbeit aufgezeigt.
Anschließend folgen die Vorstellung der ausgewählten Methoden sowie die Auswertung in Hinsicht auf die Handlungsmöglichkeiten und Entwicklungspotenziale von Interkultureller Projektarbeit.

Da die Themenbereiche, die dieser Arbeit zu Grunde liegen, jeweils sehr vielschichtig sind, war im vorliegenden Umfang nur eine partielle Betrachtung möglich.
Nach einer kurzen Zusammenfassung der Inhalte möchte ich abschließend die Bedeutung der Interkulturellen Projektarbeit bewerten und einen Ausblick auf die zukünftige Entwicklung geben.

2 Die Projektmethode in der Kulturarbeit

Die Projektmethode ist eine vielfach angewandte Methode in der Kulturarbeit. Ihre Rahmenbedingungen, die zeitliche Begrenzung und die gleichzeitige Flexibilität in der strukturellen und inhaltlichen Gestaltung des Projektablaufs, machen diese Methode beliebt und vielseitig realisierbar.[1]

Besonders in der Schule als Alternative zum „Frontalunterricht", aber auch in der „soziokulturellen Animation" hat die Zusammenarbeit in Projekten zu der Erreichung langfristiger Lernziele beigetragen. Auf Grund ihrer Erfolge hat sich diese Methode in Deutschland besonders seit den 70er Jahren fortentwickelt und durchgesetzt. Im Folgenden wird zunächst die Projektmethode allgemein in einer theoretischen Auseinandersetzung, basierend auf dem Text von Eberhard Jung „Projektunterricht- Projektstudium- Projektmanagement" (vgl. Jung 2002) und Hans Peter Honglers „Die Projektmethode in der soziokulturellen Animation" (vgl. Hongler 1998), dargestellt. Anschließend folgt eine Erörterung der zentralen Bedeutung der Projektmethode sowohl für die Kunst- und Kulturvermittlung, als auch für die Persönlichkeitsentwicklung.

2.1. Die Projektmethode nach Eberhard Jung und Hans Peter Hongler

Die zunehmende Komplexität und die dynamische Entwicklung heutiger Gesellschaftsstrukturen stellen neue Erfordernisse an Bildungsarbeit. Es gilt spontan und flexibel auf neue Entwicklungen zu reagieren. „Denn nur informierte, kompetente und motivierte Menschen werden den gesellschaftlichen Veränderungen weltoffen und entwicklungsbereit gegenüberstehen" (vgl. Kölbl 2001, S.2).

Dem amerikanischen Philosophen John Dewey zufolge, sollte Schule als Widerspiegelung der Gesellschaft agieren, mit allen realen Abläufen, die auch zur politischen und sozialen Gestaltung von Leben und Gesellschaft notwendig sind (vgl. Jung, 2002 S.3). Dazu gehört, Unterricht als Teil der Lebensbewältigung zu verstehen und Wissen innerhalb realer Lebensbewältigungssituationen zu erwerben. Im Idealfall stellt die Realisierung von Projekten nicht

[1] vgl. hierzu Honig in: „Kulturvermittlung" 2005, S.232f.

eine Methode unter vielen dar, sondern wird als Grundprinzip auf die ganze Schulform angewendet. Hierbei haben philosophisch-pädagogische Theorien, abgeleitet aus dem Pragmatismus, eine zentrale Funktion. Nach Dewey sind bloße Erkenntnisse irrelevant und unüberprüfbar, demgegenüber bilden Erfahrungen den Grundbaustein zur Bewältigung von realen problematischen Lebenssituationen (ebd. 2002, S.4). „Es handelt sich um Fragen, Anliegen, Probleme, die sich nicht so einfach innerhalb der notwendigen Alltagsarbeit lösen lassen“ (Hongler 1998, S.15).
Die erzieherisch wertvollen Erfahrungen aus der Projektarbeit führen zu neuen und verbesserten Anschlusshandlungen. Daher sollten diese innerhalb der Projektmethode einen innovativen Charakter besitzen und immer neue Erkenntnisse ermöglichen. Die dadurch gewonnenen Einsichten und neu erworbenen Fähigkeiten sind auf darauffolgende Lebenssituationen transferierbar und sind somit tiefgründig und nachhaltig.
Nicht nur in der Schulpädagogik findet dieser ganzheitliche Lernansatz Anklang, sondern auch in anderen pädagogischen Arbeitsfeldern wie beispielsweise in der Kulturarbeit. Hongler betont jedoch die Unterschiede der Arbeitsweise und Funktion der Projektleitung in der soziokulturellen Animation gegenüber anderen Projektformen mit eher hierarchischen Projektstrukturen.

In der klassischen Projektleitung stehen die am Projekt beteiligten Personen „[...] unter der Führung des Projektleiters. Es handelt sich um eine formale Hierarchie“ (Hongler 1998, S.27). Demgegenüber haben Qualitäten wie Teamwork, Partizipation und Selbsttätigkeit der Beteiligten einen hohen Stellenwert in der Projektmethode mit einer selbstorganisierten Struktur sowohl bei Hongler, als auch bei Eberhard Jung. Das eigene Forschen und Denken des Durchführenden ist unabdingbar und Teil des demokratischen Prozesses während eines Projektes.
„Import bedeutet nicht zwangsweise Verlust an Ausdruckskraft [...]. Es gibt nichts Neues in der Welt. Ein geänderter Kontext ist so gut wie ein neuer Text. Alte Formen unter anderen Umständen, sind auf ihre Weise neu“ (vgl. Willis 1981, S.10).

Der Partizipant ist zur Kritik, Verwerfung und Neuerfindung bereits bestehender Verhältnisse aufgefordert, auch wenn der Forschungsgegenstand bereits bekannt oder veraltet ist.

In Deutschland sind die „politisch und pädagogisch bewegten“ (Jung 2002, S.5) *60er und 70er Jahre* kennzeichnend für die Wiederentdeckung und Vertiefung der Projektmethode. Im Zuge der Reformpädagogik und gemäß dem Motto „Lernen vom Kinde aus und für das Leben“ (vgl. Hongler 1998, S.10) bekam selbständiges Lernen und die Interaktion in Gruppen einen höheren Stellenwert (ebd. 1998, S.10).
In der Zeit nach dem zweiten Weltkrieg kam es zunehmend zu projektorientierten Entwicklungszusammenarbeiten im Internationalen Kontext. Hierbei entwickelte sich die sogenannte zielorientierte Projektmethode, auch „ZOPP-Methode“, die sich besonders im letzten Jahrzehnt etablierte (ebd. 1998, S.12).

Zu den bereits erwähnten positiven und konstruktiven Eigenschaften der Projektpädagogik sollten vor allem auch Lernkompetenz, die Fähigkeit in einer Wissensgesellschaft eigenständig zu selektieren und Lust am Lernen vermittelt werden.
Wissenschaftliche Sachverhalte, die später angewendet werden sollen, können durch die Auseinandersetzung mit einer konkreten Aufgabenstellung oder einem Thema in der Projektmethode erarbeitet und verinnerlicht werden. „Projekte gehen [...] auf neuen Wegen zu neuen Zielen“ (ebd. 1998, S.15). Dennoch ist der Projektunterricht nicht zu verabsolutieren. Vielmehr bedeutet diese Form des Lernens ein Zusammenwirken von möglichst vielen verschiedenen Merkmalen. Dabei können jeweilige Rahmenbedingungen nach Hongler beispielsweise zeitlich, räumlich, organisatorisch, personell, oder finanziell sein (vgl. ebd. 1998, S.9).
Durch ihre Formbarkeit können Projekte in bereits bestehende Gegebenheiten, Themenvorgaben oder in den Lehrplan integriert werden. Ein Projekt erfolgreich durchzuführen, bedeutet einen hohen Arbeitsaufwand und setzt eine umfassende Vermittlungskompetenz des jeweiligen Projektinitiators voraus. „Es ist der Weg von einem Ist-Zustand - analysiert und beschrieben - zu ei-

nem Soll-Zustand – mit Zielen definiert" (Hongler 1998, S. 16 zit. n. Bernath). Hier finden Methoden aus dem Projektmanagement Anwendung. Eine durchdachte Planung, die Kalkulation von Zeit, Finanzen und zur Verfügung stehenden materiellen Mitteln, die Auseinandersetzung mit den individuellen Fähigkeiten der Projektteilnehmer, viel Geduld und Flexibilität sind Voraussetzung für die Fruchtbarkeit und das Gelingen eines Projektprozesses.
Folgende Merkmale können nach Eberhard Jung (vgl. Jung 2002, S.8f.) als wesentlich für die Projektmethode bezeichnet werden, die auch den Zielsetzungen von Honglers „soziokultureller Animation" weitgehend entsprechen (vgl. Hongler 1998, S.22f.). Die jeweilige Verknüpfung von möglichst vielen dieser Bestandteile macht ein gelungenes Projekt aus.

- Ein Projekt sollte immer ein demokratischer Diskurs zwischen Lehrenden und Lernenden sein. Daraus wächst zunehmende Selbstverantwortung und Selbstorganisation. Konkrete Ziele, Art und Methode des Lernens werden während des Projektes von allen Beteiligten gemeinsam entschieden und festgelegt.
- Die Vermittlung von Wissen, demokratischen Werten und praktischen Anwendungen soll nicht nur intentional auf der Lernzielebene, sondern vor allem durch konkrete Handlung in der Praxis geschehen. Lösende Denk- und Handlungsweisen oder Forschungsmethoden können direkt praktiziert und erprobt werden. Das bedeutet, ein Projekt impliziert ein mehr entdeckendes als darstellendes Lernverfahren.
- Projekte sollten die Beschäftigung mit realen Lebensbewältigungssituationen ermöglichen.
- Es ist wichtig, dass sich die Themenstellungen auf die physische und soziale Umwelt der Adressaten beziehen und somit eine greifbare und realistische Auseinandersetzung ermöglichen. Interdisziplinäre Aufgabenstellungen sind kreative Möglichkeiten einen Projektprozess zu verwirklichen.
- Die Interessen und Bedürfnisse der Beteiligten sind während des Lehr-Lern- Prozesses im Projekt zu berücksichtigen. Interessen können sich

auch während des Prozesses durch neue Erfahrungen verändern, erweitern und erneuern. Jedoch sollte auch die gesellschaftliche Praxisrelevanz eines Projektthemas beachtet werden. Theorie und Praxis werden zu einem „ganzheitlichen Lernen“ verknüpft.

- Ebenso wichtig ist die Vermittlung der Schlüsselkompetenzen, „Erkennen, Reflektieren, Urteilen und Handeln“ (vgl. Jung 2002, S.7).
  Soft Skills wie: Soziales Empfinden, Kooperationsbereitschaft und Fähigkeiten im Bereich der Teamarbeit, Kombinationsgabe, Vermittlungs- und Kommunikationskompetenz werden geschult.

- So erfordert ein Projekt insbesondere „soziales Lernen“. Gegenseitige Rücksichtnahme ist Voraussetzung während des Miteinander- und Voneinander- Lernens in einem gleichberechtigten Lernfeld.

- Eine zielgerichtete Projektplanung und das Einhalten von Grenzen gehören ebenso zu einer effektiven Durchführung, wie deren Überschreitung während des Prozesses.

Als Strukturierungshilfe lässt sich ein Projekt in verschiedene Phasen einteilen, die jeweils in einer differierenden Reihenfolge ablaufen können. Die Anordnung eines Projektes ist also nicht statisch zu sehen (vgl. Hongler 1998, S.36f. und Jung 2002, S.12).
Im Gegensatz zu Eberhard Jung werden bei Hongler „Widersprüche und Schwierigkeiten der Projektarbeit“ (ebd. 1998, S.19) stärker berücksichtigt. Er betont die Beachtung von zeitlichen, personalen, inhaltlich-konzeptuellen Spannungsverhältnissen und dem institutionellen Spannungsfeld. Um Konflikte weitestgehend zu vermeiden, ist es essentiell, Vorgehensweisen für alle Beteiligten möglichst transparent zu machen und Konfliktmanagement zu betreiben. Hier wird die hohe Anforderung an Flexibilität bei Projekten deutlich, sowie die Improvisations- und Anpassungsfähigkeit der Projektbeteiligten während des Projektprozesses.

Hongler gibt den Hinweis auf die Notwendigkeit einer anschließenden Auswertungsphase mit entsprechender Evaluation auf Nachhaltigkeit, Zielerreichung und Förderung durch das Projekt (ebd. 1998 S.95f.). Er verweist auf eine Korrelation zur Systemtheorie, „wonach nicht der Intervenierende das zu verändernde System verändert, sondern dieses nur sich selbst verändern kann." (ebd. 1998, S.23)

Die Projektmethode nach Eberhard Jung und Hans-Peter Hongler bietet auf Grund ihrer Eigenschaften und Vorteile zahlreiche Möglichkeiten, die unterschiedlichen und komplexen Bestandteile von Kultur aufzugreifen, zu durchschauen und nach eigenen Vorstellungen zu verändern, zu vervielfältigen oder gar zu erneuern. Trotzdem muss beachtet werden, dass es nicht nur eine mögliche Form der Projektmethode gibt. „Jede Situation ist einmalig, die Beteiligten wechseln, die Ziele verändern sich" (Hongler 1998, S.33). Diese Idee von einem konstruktivistischen „Lehr-Lern-Konzept", bei dem das Lehren zugunsten des Lernens in den Hintergrund tritt, lässt sich auf die Kulturarbeit übertragen.

Kultur befindet sich stets im Wandel und ist manchmal schwer zu fassen. Die Projektarbeit als Form kulturpädagogischer Handlungsmöglichkeiten muss daher flexibel bleiben und stets Raum für Zwischenreflexionen bereitstellen, „denn die Praxis beweist täglich, dass sich Projekte durch ihre Dynamik anders entwickeln als vorgesehen und dass sie sich kaum theoretisch vorwegnehmen lassen" (ebd. 1998, S. 7).

2.2 Die Bedeutung der Projektmethode für die Kunst- und Kulturvermittlung

Während beim pädagogischen Projektgedanken, zum Beispiel in der Schule, die ökonomische Situation eine relativ geringe Rolle spielt und die diskursive Themenfindung sowie der Lernprozess im Vordergrund stehen, werden im profitorientierten Bereich die Ziele vom Manager oder Geldgeber vorgegeben und die zeitliche und räumliche Struktur sowie die Rahmenbedingungen der Organisation spielen eine zentralere Rolle. In der Kulturarbeit erfahren Projektmanagement und Projektpädagogik eine Verknüpfung, wobei Rahmenbedingungen ein Projekt fördern oder behindern können.
Durch Projekte im Bereich der Kultur ist es möglich, Sachverhalte tiefgründi-

ger zu betrachten, Gemeinsamkeiten zu entdecken und hervorzuheben, sowie Gegensätze in kreative Potenziale umzuwandeln und so auszuschöpfen.

Wenn man beachtet, dass ein jeder aufgrund seines kulturellen Hintergrundes über spezifische Werte und Habiten verfügt, entsteht eine Vielfalt an Möglichkeiten zur Zusammenarbeit. Diese beinhaltet Konfliktpotenzial, das eine hohe Kompetenz des Projektleiters und Konfliktmanagement voraussetzen, damit das Projekt nicht in Frustration, Streit und Chaos ausartet.
Ein Projekt bietet die Möglichkeit, eigene moralische Vorstellungen und Einstellungen zu vertreten, seine kulturellen Hintergründe vorzustellen und ebenso die der Anderen kennen und verstehen zu lernen. Daher sind Projekte besonders in der Kulturarbeit eine sinnvolle Methode um diesen vielförmigen Ansprüchen gerecht zu werden. Modifizierungen während der Projektarbeit sind möglich und die Aufgabenstellungen somit an die individuellen Entwicklungsstufen anpassbar. Künstlerisch-kreatives Arbeiten und spielerisches Lernen ermöglichen eine Annäherung an Problemfelder, die in einer Welt mit Korruption, Unruhe, Armut, Ungerechtigkeit, Gewalt und Naturkatastrophen immer bedeutsamer werden und der persönlichen Auseinandersetzung jenseits von Frontalunterricht bedürfen. Bei der Durchführung von kulturpädagogischen Projekten ist es üblich, mit weniger formellen als diskursiven Strukturen zu arbeiten und alternative Möglichkeiten zur Auseinandersetzung mit den genannten Themen zu bieten. Zudem wird ein Beitrag zur Identitätsbildung geleistet, ohne mit ausdrücklichen Regeln und Verboten zu arbeiten.
Das Lernen jenseits von zeitlichen und räumlichen Zwängen, zum Beispiel in kulturpädagogischen Projekten im Theater, auf der Straße, in der Natur, bezogen auf den jeweiligen Lehrstoff, bietet ungewohnte Freiheiten für den Einzelnen und sein Bedürfnis sich zu artikulieren. Derartige Projekte vermitteln ein Gefühl selbständigen Arbeitens und ermöglichen bereits gesammelte Ideen ausleben zu können, die Kreativität zu stimulieren und dem künstlerischem Schöpfen Ausdruck zu verleihen. Zudem wird Innovativität und erfrischende Abwechslung zum Alltag zu Hause und in der Schule geboten.

Natürlich ist es wichtig, dass Grenzen gesetzt werden, um nicht den Bezug zur Realität zu verlieren. Doch auch Grenzziehungen können in Form von künstlerischen Aufgabenstellungen und „sozialen" Regeln verwirklicht werden.

Das breite Feld der Kultur ermöglicht zudem spartenübergreifende Projekte, wodurch verschiedene Unterrichtsfächer oder Themengebiete interdisziplinär verknüpft werden können (vgl. Jung 2002, S.15). Kooperationen zwischen verschiedenen kulturellen oder pädagogischen Einrichtungen sind regional und überregional möglich.

Die Teilnehmer lernen, nicht in Sparten zu denken, sondern stets zu versuchen über die kulturelle Ebene Gemeinsamkeiten zu entdecken. Ein positiveres Weltbild und Offenheit wird für ein Interkulturelles Zusammenleben und -arbeiten gestärkt.

Der *Projektprozess* spielt eine wesentliche Rolle. Es gilt, sich von gesellschaftlichen Vorgaben zu befreien, die linke Gehirnhälfte zu aktivieren und sich vollständig auf seine kreativen Potenziale zu konzentrieren. Die abschließende Analyse und Reflexion des Prozesses ermöglicht den Teilnehmern einen ganzheitlichen Eindruck von einem Projekt, dadurch kann dieses eine Modellfunktion übernehmen und zu einem Muster für eine Nachahmung von kulturpädagogischen Projekten werden.

Gerade im Jugendalter hat Lernen oft einen schlechten Ruf. Die intensive praktisch-sinnliche Erfahrung mit kulturellen Medien während eines Projektes kann positive Eindrücke vom Lernen vermitteln. Das moderne Konzept vom lebenslangen Lernen wird dadurch plausibler und gibt Motivation und Lust auf ästhetische Bildung durch Projektarbeit. Im Gegensatz zu einer einmaligen Veranstaltung, Gruppenarbeit oder Workshop wird durch Wiederholung, Vertiefung und die prägenden Erlebnisse während der Projektmethode die Dauerhaftigkeit einer Lernerfahrung und deren Nachhaltigkeit gefördert.[2]

Eine weitere Komponente der Projektmethode in der Kulturarbeit ist das Ergebnis der Arbeit. Am Ende von Projekten steht fast immer ein Produkt, das es nach außen zu repräsentieren gilt. Zunächst bedeuten sie eine Möglichkeit

---

2 vgl. hierzu B. Rink; A. Altenähr 2008, „Interkulturelle Kompetenz durch internationale Kinderbegegnung" S.20

zur Kommunikation von kulturpädagogischer Arbeit im politischen und alltäglichen Umfeld sowie mit möglichen Förderern, Teilnehmern und Projekt-Partnern.
Die Darstellung der Ergebnisse von Projekten gibt dem Zuschauer und allen Interessierten die Möglichkeit zur Partizipation und Konsumierung von Kultur. Neben der Förderung von Amateurarbeit nach dem Vorsatz: „Gib alles was du kannst, es ist genug!“ gibt es weitere positive Folgen, die eine Produktorientierung bei einem Projekt in der Kulturarbeit mit sich bringt.
Der Teilhaber und Mitgestalter hat durch die Teilnahme an einem Projekt Einfluss auf die Entwicklung von Kultur und leistet eigene Beiträge zur Förderung und Veränderung dieser. Die Kommunikation nach außen durch Öffentlichkeitsarbeit, Zwischenpräsentationen, Exkursionen, Zusammenarbeit mit Projektpartnern, Darstellung des Endproduktes, Ausstellungen und Auftritte ist wichtig und meist nachhaltig wirkungsvoll.
Der Partizipant sowie auch der Projektleiter bekommen einen veränderten Eindruck und Blick auf Gesellschaft und die Vielfältigkeit von kulturellen Ausdrucksmitteln. Das Interesse wird geweckt und aufrechterhalten, der Horizont erweitert und die Anerkennung von künstlerischem Schaffen wird vertieft, denn es gilt tolerant und respektvoll mit der kreativen Arbeit anderer umzugehen. Zudem bekommen die Teilnehmer durch die handlungsorientierte Lernerfahrung Mut zur Weiterführung, Lust zur künstlerischen Entfaltung sowie einen Anstoß zur Selbsttätigkeit und Veränderung durch profundes Hinterfragen und Kritisieren von gesellschaftlichen Gegebenheiten. Ein zukünftiges Lebensmotto könnte demnach lauten: „You can make it with your own two hands“ (vgl. Ben Harper 2003).

2.3 Persönlichkeitsentwicklung in der Projektarbeit

" [...] Kunst und Kultur sind entscheidende Faktoren der Persönlichkeitsbildung. Sie beeinflussen die Entwicklung von Wahrnehmung, die wiederum Grundlage menschlicher Erkenntnis und damit der Bewusstseinsbildung und der Verhaltensprägung bildet" (Hoffmann 1979, S.272).

Der Mensch bildet im Laufe seiner Erziehung und Entwicklung ein großes Kontingent an verschiedenen Interessen, individuellen Eigenschaften und Bedürfnissen, die Einfluss auf die Identität nehmen. Zudem hat jeder unterschiedliche Fähigkeiten und beansprucht demgemäß eine spezifische Förderung. Auch im sozialen Kontakt reagiert jede Person aufgrund ihrer persönlichen Erfahrung und Wahrnehmung unterschiedlich und es ist wichtig, dass eine entsprechende Vorbereitung und Toleranzbereitschaft bereits früh vermittelt wird. Aufgrund seines spezifischen Temperamentes und biographischen Hintergrund braucht jeder Mensch eine individuelle Ansprache. Bei optimal verlaufenden Projekten in der Kulturarbeit kann jeder seine individuellen Stärken einbringen und dementsprechend Aufgaben ausführen, wodurch die Persönlichkeit Raum zur freien Entfaltung erhält. Ohne klare Zielvorgaben besteht jedoch die Gefahr der Orientierungslosigkeit, da der Mensch die Einbindung in vorgegebene Strukturen gewohnt ist.

Die Selbsttätigkeit fördert die Selbsterkenntnis, wodurch das Selbstvertrauen gestärkt wird. Wer sich selbst besser kennt, kann sich auch demgegenüber besser artikulieren und fühlt sich wohler im sozialen Kontakt mit Anderen.

Es gehört auch dazu - vom Projektleiter angeregt - eigene Ideen kritisch zu hinterfragen und gegebenenfalls zu verwerfen oder neu zu gestalten. Hier sind Hilfestellungen von Seiten der Projektbegleitung notwendig; bestenfalls wird die Fähigkeit zur Selbstkritik angeregt sowie der ,kreative Stein' wieder ins Rollen gebracht.

"Kulturpädagogik mit ihrer Distanz zu den etablierten Ordnungen könnte [...]Modellcharakter haben. Modellsein für das Aushalten von Spannungen, Experimentierfeld des ungewohnten Umgangs miteinander. Gerade die Zwecklosigkeit oder Ziellosigkeit der Kunst und ihr nicht nutzorientierter Gebrauch gibt Spielräume" (Fuchs 1993, S.127).

Das Positive an einem solchen sensiblen Prozess ist, dass aus verworfenen Ideen Neue hervorgehen, somit ist keine Arbeit vergebens und es entsteht kein Kontingenzgefühl. Auch ein mögliches Scheitern im Projektverlauf liefert wertvolle Lernerfahrungen. So können Selbsthilfe und Selbstständigkeit für das wahre Leben erprobt werden, wodurch die Persönlichkeit gestärkt und die Entwicklung vorangetrieben wird. Jeder kann seinen Teil zu einem vielseitigen Ganzen beitragen. Eine noch so kleine und leichte Aufgabe kann bedeutsam und unabdingbar für den Prozessablauf sein. Die sonst unwichtig erscheinenden „kleinen Dinge“ werden gesehen und anerkannt. Daher ist ein Projekt auch bedeutsam für die Wertschätzung seines Selbst.
Die Beteiligung an kreativen Entwürfen wird oft durch unbewusste Ängste blockiert, daher ist der beste Weg diese zu mindern die handlungsorientierte ästhetische Lernerfahrung. Es gilt die Stärken zu fokussieren und Schwächen und Ängste zu minimieren. Dies kann beispielsweise erreicht werden, indem man sie rational betrachtet, bewertet und bewusst in den Arbeitsprozess integriert. Kulturpädagogische Projekte machen Mut und regen die Ideenproduktivität an, stärken das Selbstbewusstsein und schulen die Wahrnehmung. So werden Eigenschaften gefordert und gefördert, die für das Leben nur von Vorteil sein können.[3]

[3] vgl. Sievers 1992, S.240 zit. n. Hongler 1998, S.25

3 Ästhetische Bildung und Persönlichkeitsentwicklung

Ästhetische Bildung ist ebenso wie die Persönlichkeit eines Menschen ein vielschichtiger Begriff. Im Folgenden werde ich erläutern, welche Idee von ästhetischer Bildung dieser Arbeit zu Grunde liegt. Vertiefend widme ich mich der Frage, wie ästhetische Bildung die Persönlichkeitsentwicklung fördern kann.

3.1 Ästhetische Bildung

„Grundlage ästhetischer Bildung ist die bewusste sinnliche Wahrnehmung in Verbindung mit der Entfaltung reicher und differenzierter innerer Bilder und eigener Ausdrucks- und Gestaltungsfähigkeit" (Spinner 2006, S.9).

Was Kaspar H. Spinner in diesem Zitat als Grundlage der ästhetischen Bildung formuliert, gewann in den letzten Jahren mehr denn je an Bedeutung. Bildungspolitische und auch gesellschaftliche Prozesse wie die Globalisierung[4], Individualisierung und Pluralisierung[5] bergen viele Potenziale, lassen die intensive sinnliche Wahrnehmung aber in den Hintergrund rücken.
Neue und vielfältige Möglichkeiten in Beruf und Weiterbildung erhöhen den Konkurrenz- und Leistungsdruck und lassen weniger Raum für die Ausbildung von ästhetischen Fähigkeiten. Auch in der Schule nehmen einseitige rationale Denk- und Lernprozesse vordergründige Positionen ein, um möglichst früh „geschäftsfähig" in das Leben entlassen zu werden. Dabei meint ästhetische Bildung nicht nur die Beschäftigung mit musischen und künstlerischen Medien, sondern beinhaltet die Gesamtheit aller Lernprozesse, auch interdisziplinär. Besonders bei Kindern und Jugendlichen ist es essentiell, Möglichkeiten zum sinnlichen Entdecken und Deuten von Wirklichkeit zu kreieren. Der dadurch erzielte Lerneffekt äußert sich beispielsweise in der Befähigung ästhetische Zusammenhänge wahrzunehmen, bewerten und wertschätzen zu lernen.
Nicht nur sensible, fantasievolle und kreative Eigenschaften sollen gefördert

---

4 vgl. hierzu Klaus Seitz, in: „Transkulturalität und Identität" 2005, S.59f.

5 vgl. hierzu Ronald Hitzler 2001, S.13f. „Aktuelle gesellschaftliche Strukturen und Veränderungen"

werden. Mindestens genauso bedeutsam ist die Anregung zu Kritikfähigkeit und selbstbestimmtem Zurechtfinden in einer von vielfältigen Bildern und Eindrücken geprägten Welt.

„Die Selbsttätigkeit des lernenden Subjekts ist der Focus kultureller Bildungsprozesse zugunsten gelingenden Lebens, zugunsten biographisch bedeutsamer Persönlichkeitsgewinne als offene Zielperspektive". Die von Zacharias (ebd. 2001, S.64) erwähnten kulturellen Bildungsprozesse können sowohl durch sinnliche Wahrnehmung rezeptiv als auch in der Eigenproduktion gestalterisch stattfinden.

Bei „ästhetischer Erfahrung in Rezeptionsprozessen" (vgl. Spinner 2006, S.12) liegt das Hauptaugenmerk auf der Ausbildung und Schulung von Aufmerksamkeit und Offenheit für das „Fremde". Vorübergehend soll die Distanz zwischen Subjekt und dem „Anderen" - dem Objekt - aufgehoben werden, indem man sich „probeweise die Art der Welterschließung, die das ästhetische Objekt präsentiert, zu eigen [...]" (ebd. 2006, S.12f) macht.

Michael Hauskeller findet in Anlehnung an Schiller[6] folgende Formulierung: „Im ästhetischen Spiel erhebt sich der Mensch über die Wirklichkeit, indem er sich seine eigene Wirklichkeit schafft" (vgl. Hauskeller 1993, S.43f.).

Sich mit dem Symbolcharakter von ästhetischen Phänomenen und deren Materialität auseinanderzusetzen bedeutet bereits den Einstieg in den Sensibilisierungsprozess vom Wirkungs- und Wertgehalt verschiedener Werke. Material, Formgebung, Charakter, Motiv und Kontext bieten Struktur für das sinnliche Erschließen und Verknüpfen der subjektiv-vielfältigen Deutungen.

Das eigene Gestalten in der produktiven Dimension ästhetischen Lernens bewegt die Teilnehmer zur aktiven Auseinandersetzung mit ihrer Lebenswirklichkeit. Dabei hat die kreative Betätigung sowohl positiven Einfluss auf sensor-motorische und sinnlich-ästhetische Fähigkeiten als auch auf die Entfaltung des individuellen Ausdrucksrepertoires und persönlichkeitsfördernde Merkmale wie Selbstbewusstsein, Selbstwertgefühl und Selbsteinschätzung.

---

6 vgl. Friedrich Schiller 2000: Über die Ästhetische Erziehung des Menschen (o.S.)

Die praktische Auseinandersetzung mit lebensnahen Themengebieten verleiht dem Teilnehmer das Gefühl der Möglichkeit zur aktiven Partizipation und Einflussnahme auf Umgestaltung und Neuschöpfung der Lebensrealität. Wulf beschreibt diesen Vorgang als „Erziehung über Mimesis [...] als eine (nonverbale) Form des Widerstandes gegen die Übermacht der Dingwelt [...]" (Wulf, in: „Theaterpädagogik und Schauspielkunst" 2008, S. 95), da die produktive Erfahrung der mimetisch-ästhetischen Praxis keinerlei Sprache bedarf und sich größtenteils der zweckrationalen Logik entzieht.
Der Austausch, die Reflexion und Kommunikation über die jeweiligen Eindrücke und Erfahrungen tragen zu einem intensiveren Verstehen, zur Kritikfähigkeit und zum kognitiven Annektieren des ästhetischen Gegenstandes bei. Um eine gelungene Kommunikation und Artikulation unter den Teilnehmern zu ermöglichen, ist es Aufgabe des Vermittlers, Einführungen in bestimmte Genres von Kultur, kulturelle Deutungsmuster und vor allem Symbolsprache zu geben.
Der Prozesscharakter einer ästhetischen Rezeptions- und Produktionserfahrung bietet vielerlei Anschlussmöglichkeiten und verhindert endgültige, begrifflich stagnierende Deutungen. Constanze Kirchner fasst diese Vorgänge in drei Dimensionen zusammen: die „aisthesis", die wahrnehmend-rezeptive Dimension, die „poiesis" als gestaltend-produktive Dimension und abschließend die „katharsis", die kommunikative Dimension (Kirchner in Spinner 2006, S.15). Diese drei Wege ästhetischer Bildung und deren Verknüpfung schließen rationale Denkprozesse und die Bewusstwerdung des Erfahrenen mit ein und regen somit effektiv zur eigenen Urteilsbildung an. Das beinhaltet auch Widersprüchlichkeiten und Unvereinbares von Gegebenheiten zu erkennen und deren Bedeutung subjektiv einzuordnen. Die Dimensionen können auch als sinnliche Wahrnehmung, Empfindung und Erkenntnis beschrieben werden.
Selbstbildung „[...] bedeutet, sich zu orientieren im objektivierenden, qualifizierenden Horizont von Wertvorstellungen, Wissensbeständen, Symbolwelten, Kunstwerken und lebensweltlicher Sinnlichkeit" (Zacharias 2001, S.64f.). Es geht nicht immer darum, neue Bedürfnisse zu wecken und ein umfangreiches Angebot von künstlerischer Tätigkeit zu bieten. Vielmehr ist das Ziel,

vorhandene Potenziale zu stimulieren und auszubilden. In diesem Zusammenhang ist es wichtig, die Fähigkeit zur Wahrnehmung der eigenen Interessen zu schulen und zu fördern.
Der Begriff der Ästhetischen Bildung wird von Fachleuten unterschiedlich konkretisiert. Bildung bedeutet hier nicht im traditionellen Sinne eine, in ihren Sinneszusammenhängen unveränderliche Gegebenheit, sondern setzt die Eigenbildung des Subjekts durch Erfahrung und gleichberechtigte interaktionistische Prozesse bei Leitung und Teilnehmern voraus. Häufig wird daher auch der Begriff der „Ästhetischen Erfahrung“ verwendet (vgl. Weintz 2008, S.116f.).
Das Ziel von Ästhetischer Bildung ist nicht ein möglichst umfangreiches, beliebiges Freizeitangebot anzubieten, sondern vielmehr die Herstellung einer Beziehung zum realen Alltagsleben und die Animation zur aktiven Teilnahme an dessen Gestaltung. Das Anregen, Motivieren, Ermutigen und Befähigen, sowie auch Grenzziehungen sind hierbei Kernaufgaben bei der Vermittlung von ästhetischer Bildung.

3.2 Was ist Kultur?

Terry Eagleton bezeichnet das Wort *Kultur*, als eines der komplexesten unserer Sprache (vgl. Eagleton 2001, S.7), was eine Determinierung oder eine einheitliche Definition des Begriffs unmöglich macht.
Die Vielfalt der Semantik von Kultur nimmt heute sowohl politische, soziologische, psychologische, philosophische, historische als auch pädagogische, künstlerische Dimensionen an und muss dementsprechend vielseitigen Ansprüchen und Vorstellungen genügen. Obwohl die „vom Menschen geschaffene“ Kultur seit der Aufklärung als Kontrast zur *Natur* empfunden wird, entstammt der Begriff etymologisch betrachtet in seinem ursprünglichen Bedeutungszusammenhang der Natur. Gemeint ist das „kultivieren“ und ernten in der Feld- und Landwirtschaft.
„Kultur ist das Insgesamt der in Auseinandersetzung mit der Welt erbrachten menschlichen Leistungen“ (Stagl 1993, S.12).
In der Neuzeit wurde dem Phänomen Kultur mehr Beachtung geschenkt, nachdem der Einfluss von Kirche und Transzendenz geringer wurde. Hier

wird das Potenzial des Menschen deutlich, gestaltend und verändernd in die Natur eingreifen zu können, um sich selbst sowie seine Werke und Werte zu erhalten. Andere Gesellschaften ersetzen den Begriff der Kultur synonym mit anderen Bezeichnungen, wie beispielsweise „Zivilisation“.[7]

Heute erweitert sich der Kulturbegriff vor allem auch durch einen subjektiven Wertaspekt. Durch Kultur findet der Mensch Sinn und Zweck im individuellen und gesellschaftlichen Leben (vgl. Müller-Rolli 1988, S.67). Zudem hat er sich im Sinne einer „Ablösung der Tradition“ (vgl. Hoffmann 1979, S.13) entwickelt und erfährt somit eine Entbindung von Kulturinstitutionen als einzigen Zugang und Vermittler von der, nicht allen Menschen zugänglichen „Hochkultur“, wie Museum, Theater, Bibliothek.[8] Hoffmann kritisiert den eben genannten Kulturbegriff im engen Sinne und fordert, allen Gesellschaftsschichten unabhängig von Herkunft, sozialem Status und Bildungsniveau Zugang zu Kultur zu gewähren, um so eine enge Beziehung „zum alltäglichen praktischen Leben“ herzustellen (vgl. Hoffmann 1979, S.14). Demnach wird der Kultur ein breites Aufgabenfeld zugeschrieben, das neben Orientierung, Sicherheit und Handlungsanweisungen für die Menschen auch deren Kommunikationssystem[9] darstellt, wie beispielsweise die Kunst.

Der Mensch, nach Ernst Cassirer auch „animal symbolicum“ (vgl. Fuchs 1999, S.92ff.), ist auf die Symbolbildung angewiesen, damit er sich durch „Sprache, Mythos, Religion, und Technik, [...] Kunst, Wirtschaft und Wissenschaft“ (Fuchs, in: „Kultur und Entwicklung“ 1998, S.152) artikulieren kann und somit die Grundlage für Kommunikation legt.

Da die symbolischen Elemente von Kultur für verschiedene Deutungen und Sinngebungen offen sind, müssen sich die Mitglieder einer Kultur mit der Existenz von differenten Deutungsmustern auseinandersetzen.

„Daher ist die Kultur das Feld des Kampfes [...] um kulturelle Hegemonie“ (Auernheimer 1990, S.112).

---

7 vgl. hierzu auch F. Steinbacher 1967, S.20ff. und D. Baecker 2003, S.59

8 vgl. hierzu UNESCO 2005, S.2 und S. 4 „7. Grundsatz des gleichberechtigten Zugangs“

9 vgl. E. T. Hall 1977, Hall beschreibt verschiedene Dimensionen von Kultur und entwickelt einen Vergleich mit „Sprache“, durch die Informationen produziert, übermittelt, gespeichert und verarbeitet werden.

Kultur hat einen konstruktivistischen Charakter, indem der Mensch selbst seinen Kulturbegriff erstellen und einen Nutzen für sein Leben daraus ziehen muss.[10]

Er verfügt über kulturell geprägte Bedeutungsmuster, nach denen er bewusst oder unbewusst handelt und die in Form von „kulturellen Codes"[11] kommuniziert werden. Diese können sowohl individualistisch als auch universalistisch von einer Gruppe kommuniziert werden. Wie unterschiedlich und vielfältig diese Codes in den jeweiligen Kulturkreisen, sowie bereits innerhalb eines Landes ausgeprägt sein können, wird im Kapitel „3.3.2 Kulturelle Identität" der vorliegenden Arbeit näher betrachtet.

„Eine Kultur typisiert also einmal die faktisch vorhandenen Situationen und Probleme, und bietet Lösungsvorschläge durch ebenfalls typisierte Handlungssubjekte an" (Wulff in „Kulturelle Identität" 1993, S.11).

Den Orientierungscharakter von Kultur beschreibt Eagleton als „[...] ein Gewußt- wie, kein Gewußt- warum, ein System von unausgesprochenen Vorverständnissen oder praktischen Richtlinien [...]" (Eagleton 2001, S.51f.).

Dass „[...] Kultur zu einem großen Teil ihren Zweck in sich selbst [...]" (Hoffmann 1979, S.18) trägt, impliziert die Annahme, dass die „Landkarte der Bedeutungen" (vgl. Auernheimer 1990, S.112 zit. n. Clarke 1979), die Ordnung einer Gesellschaft oder Gruppe erhält und ihren Mitgliedern verständlich macht. Das Individuum, als selbst denkendes und handelndes Wesen, ist im Stande an sich selbst zu arbeiten, zu reflektieren, um somit Veränderungen an sich und der Kultur zu konstituieren. Da das Kontingent an Verhaltensvorgaben bei jedem Individuum unterschiedlich ausgereift und präzisiert ist, entsteht eine immense Diversität an verschiedenen Handlungs- und Denkweisen in einer Gesellschaft.

Kultur hat folglich eine fundamentale Bedeutung für die Wahrnehmung und das Handeln des Menschen. Hoffmann beschreibt die Kultur im wörtlichen Sinne als „Überlebensmittel". Dabei ist das Konstrukt Kultur nicht als statisch

---

10 vgl. hierzu C. Geertz 1983, S.9 Kultur als „selbstgesponnenes Gewebe" des Menschen

11 vgl. hierzu D. Baecker 2003, S.71ff. und S.107ff.

zu betrachten, sondern steht in ihrer Dynamik niemals still (vgl. Borrelli (Hrsg.) 1986, S.123). Die Auffassung, Kultur als Prozess anzusehen macht alle Versuche der Kulturdeterminierung gegenstandslos. „Natur bringt Kultur hervor, die Natur verändert" (Eagleton 2001, S.9).

Es besteht eine Wechselbeziehung zwischen Kultur und Natur, sowie Kultur und Gesellschaft. „Der Schwimmende erzeugt durch seine Arbeit die Strömung, die ihn trägt; er teilt die Wellen, damit sie, zurückkehrend, ihn emportragen."[12] Hoffmann beschreibt Kultur „[...] als Medium von Lernen und Kommunikation, das die ständige Konfrontation mit dem wirklichen Lebensraum braucht, das heißt mit der Umwelt" (Hoffmann 1979, S.273).

Durch die gegenseitige Abhängigkeit und Einflussnahme von Kultur und gesellschaftlichen Prozessen darf Kultur „[...] nicht als isolierte, von anderen Einflüssen unabhängige Größe verstanden werden" (Sen, 2007, S.123). Somit ist auch die Vorstellung von Kulturen als voneinander getrennte, unerreichbare „Inseln" hinfällig. Die in diesem Kontext kontrastierende neuzeitliche Kulturvorstellung von Johann Gottfried Herder der Einzelkulturen als in sich homogene, „geschlossene Kugeln" (Welsch, in: „Hybridkultur" 1997, S.68 zit. n. Herder 1967, S.44f.), die sich durch national bedingte Kulturvorstellungen abgrenzen, deutet bereits auf die kulturelle Vielfalt in der Welt hin. Kultur ist nicht als homogen zu betrachten, denn selbst innerhalb eines Milieus kann es weitreichende Unterschiede geben (vgl. Kaschuba in "Kultur in NRW" 2001, S.18f.). Diese Gegebenheit macht die Kultur zu einem undurchsichtigen Konstrukt, das man nach Geertz auch mit dem Bild einer Krake vergleichen kann, indem sie verschiedene Arme hat, die unabhängig voneinander fungieren.[13]

Kultur versteht sich auch als Kritik an sich selbst. Baecker beschreibt eine „Ellipse der Kultur", deren zwei Parameter - die Kunst mit ihren Werken und die Moral mit ihren Werten - sich gegenseitig beeinflussen, beobachten und kritisieren (vgl. Baecker 2003, S.181-201). Es macht den Menschen aus,

---

[12] vgl. T. Eagleton 2001 S.10 zit. n. Schlegel/Tieck S.10 in Anlehnung an 2. Aufzug 1. Szene

[13] vgl. C. Geertz 1983 (o.S.) und G.-A. Mies in „Kultur und Unkultur" 2005, S.265f.

dass er Kultur als ein unausweichliches Phänomen mit existentiellem Charakter benötigt und sowohl von der umfassenden Vorstellung dieses Phänomens, als auch von der Kommunikation darüber abhängig ist. Die Generalkonferenz der Vereinten Nationen betont,

„[...] dass die Kultur in Zeit und Raum vielfältige Formen annimmt und dass diese Vielfalt durch die Einzigartigkeit und Pluralität der Identitäten und kulturellen Ausdrucksformen der Völker und Gesellschaften verkörpert wird, aus denen die Menschheit besteht" (UNESCO 2005, S.1).

Diesbezüglich befindet Wolfgang Welsch gegenwärtige Kulturdefinitionen als obsolet und unzureichend, um das heutige Verhältnis der Kulturen zu beschreiben und entwirft mit der *Transkulturalität* ein Alternativkonzept, das in 4.1 Interkulturalität näher beschrieben wird.

Zusammenfassend lässt sich der Begriff, von der UNESCO während der Weltkonferenz in Mexiko 1982 festgehalten, wie folgt beschreiben:

> „[...] dass die Kultur in ihrem weitesten Sinne als die Gesamtheit der einzigartigen geistigen, materiellen, intellektuellen und emotionalen Aspekte angesehen werden kann, die eine Gesellschaft oder eine soziale Gruppe kennzeichnen. Dies schließt nicht nur Kunst und Literatur ein, sondern auch Lebensformen, die Grundrechte des Menschen, Wertsysteme, Traditionen und Glaubensrichtungen" (vgl. „Kultur und Entwicklung" 1998, S.11).

3.3 Identitätsarbeit in der Kunst- und Kulturvermittlung

Die Kunst- und Kulturvermittlung spielt eine wichtige Rolle bei der Identitätsfindung und der Auseinandersetzung mit Selbst- und Fremdbildern. „Subjektivität bildet sich beispielsweise im ästhetisch-gestaltenden, unmittelbaren Umgang mit der Wirklichkeit und in der kulturell- künstlerischen Interpretation von Wirklichkeiten" (Zacharias 2001, S.64).

Im Folgenden wird der, in seiner Bedeutung sehr vielschichtige Begriff der *Identität*, seine Entwicklung sowie eine Klärung von *kultureller Identität* vorgestellt. Daraufhin werden Bedingungen und Voraussetzungen für eine gelungene Identitätsarbeit erarbeitet, die einen Beitrag zur Persönlichkeitsentwicklung leisten kann.

3.3.1 Identität und Identitätsentwicklung

Ursprünglich stammt das Wort Identität von dem lateinischen „idem ens" und bedeutet „eben der, der ein und derselbe". In der Psychologie meint Identität, die als „Selbst" bezeichnete innere Einheit der Person.
Bereits in der griechischen Antike beschäftigte sich Sokrates mit dem Menschen als „einzelnes Lebewesen", dessen körperliche Merkmale von Geburt an bestehen bleiben. Dennoch betont er; „Charakterzüge, Meinungen, Gewohnheiten, Begierden, Freuden und Leiden, Befürchtungen: alles das bleibt sich in jedem einzelnen niemals gleich, sondern das eine entsteht, das andere vergeht" (vgl. Keupp 2002, S.27 zit. n. Platon).
Der Ursprung der Identitätsfrage ist insofern in der Moderne anzusiedeln, als dass mit der Loslösung von der Kirche und dem Beginn eines Anspruchs auf Selbstdenken und –gestalten, die Suche nach Identität als krisenhafte Herausforderung wichtig wurde. Hier fanden auch erstmalig Begriffe wie das *Ich*, *Subjektivität* oder das *Bewusstsein* Verwendung. Die Postmoderne, die neue gesellschaftliche Prozesse mit sich bringt, hat das „Selbstverständnis der klassischen Moderne grundlegend in Frage gestellt" (Keupp 2002, S.30).
So findet Identität als Begriff heutzutage vielseitig Anwendung.
Die Bedeutungsvielfalt reicht von der *Corporate Identity*, die das Leitbild eines Unternehmens beschreibt, über die *Identity Card*, die Merkmale des Körpers und der Herkunft aufweist, bis hin zur *Patchwork-Identität*, die eine passende Bezeichnung für den „Suchcharakter" eines in der postmodernen Individualisierungsgesellschaft[14] lebenden Menschen bilden soll.
Im Zuge der Globalisierung und somit dem Zusammenrücken der Welt wird sogar von der *globalen Identität* gesprochen. Die Diskussion über die neue Fragmentierung und Pluralisierung von Identität impliziert die Annahme, dass es in der Vergangenheit eine einheitliche und klar definierte Vorstellung von Identität gab. Stuart Hall spricht von einer „Krise der Identität" und weist damit auf den umfassenden Wandlungsprozess der Gesellschaftsstrukturen hin, wodurch den Individuen zunehmend die Orientierung in der sozialen Welt

[14] vgl. U. Beck 1990, S.11-19 „2. Individualisierung - Aufbruch in eine andere Gesellschaft?"

verloren geht (vgl. Hall 1994). Es wird fühlbar: „Die Entwicklung des Selbst ist ein lebenslanger Prozess“ (vgl. Pinquart in „Psychologie des Selbst“, 2000 S.75), in dem sich das Individuum finden muss. Theoretiker sind sich einig, dass die Konstruktion von Identität sowohl an Interaktion in sozialen Beziehungen als auch an wechselseitige soziale Anerkennung gebunden ist.
„Die zeitgemäßen Webmuster der sozialen Beziehungen setzen ein aktives Subjekt voraus. Jeder von uns wird Baumeister seines eigenen Beziehungsnetzwerkes“ (Keupp 2002, S.38).
Das zunehmend losgelöste Subjekt muss in seinem Individualisierungsprozess selbst selektieren mit wem, wie und wann es interagieren und kommunizieren möchte, um gleichzeitig für soziale Anerkennung und die Befriedigung des „Wir-Gefühls“[15] in einer Gruppe zu kämpfen. Gesellschaftliche Einbindungen, das Zugehörigkeitsgefühl zu Religion, Familie, Traditionen oder einem festen Ort treten in den Hintergrund, der Freundeskreis weitet sich global aus, wobei Eigeninitiative und Interkulturelle Kompetenz des Subjekts vorausgesetzt werden. Daraus folgen häufig Perspektiv- und Orientierungslosigkeit.
Die zunehmend differenzierte Betrachtung von Identität entwickelt sich im Laufe des Lebens. Nach der eher Ich-zentrierten Empfindung eines Kindes entwickelt sich die Vorstellung von Identität später zu einer Ich- und Du- Perspektive und schließlich entsteht ein Wir-Gefühl, wodurch das Einordnen in komplexe Systeme, Gruppen oder Gesellschaften ermöglicht wird (vgl. Spinner 2006, S.19).
„Identitätsentwicklung“ beschreibt also zum einen die Entfaltung der persönlichen Identität, kann jedoch auch die historische Entwicklung von verschiedenen Identitätskonzepten meinen. Das bekannteste und häufig kritisierte Konzept des Entwicklungspsychologen Erikson geht von einem stabilen „Identitätskern“ aus, der sich im Kindesalter stufenartig kontinuierlich ausbildet und daraufhin als fester Bestandteil seines Selbst zur Lebensbewältigung beiträgt (vgl. Erikson 1973, S.107f.).

---

[15] vgl. hierzu Z. Baumann 1990, S.60f. Wir und „die-da“ - In-Group und Out-Group

Im Unterschied dazu spricht Stuart Hall von „hybriden Identitäten", die sich stets im Übergang verschiedener Positionen befinden und je nach Situation neue Verortungen erleben (vgl. Hall 1994, S.41). Er spricht zwar auch von der Erhaltung eines „inneren Kerns", dass er als *Wesen*, als das *wirkliche Ich* beschreibt, welches zwar bestehen bleibt, „aber ständig in einem kontinuierlichen Dialog mit den kulturellen Welten, [...] und den Identitäten, die sie anbieten, gebildet und modifiziert [...]" wird (vgl. Hall 1994, S.182).

„Identität wird deshalb auch nicht mehr als Entstehung eines inneren Kerns thematisiert, sondern als ein Prozessgeschehen beständiger „alltäglicher Identitätsarbeit, [...] als permanente Passungsarbeit zwischen inneren und äußeren Welten" (ebd. 2002, S.30). Die Beschäftigung mit Identitätstheorien in der Postmoderne zeigt also „einen radikalen Bruch mit allen Vorstellungen von der Möglichkeit einer stabilen und gesicherten Identität [...]" (ebd. 2002, S.30f.).

Keupp spricht auch von einem Doppelcharakter von Identität. Er unterscheidet zwischen „personaler" und „sozialer" Identität (ebd. 2002, S.65) und benennt die ständige Kompromissbildung, um das Individuelle und Eigensinnige auszuleben, aber gleichzeitig nach sozialer Anerkennung und Anpassung zu streben.

Amartya Sen betont die verschiedenen Gruppenidentitäten, die ein Mensch durch die Zugehörigkeit zu mehreren Gruppen erfährt.

„Jedes dieser Kollektive, denen ein Mensch gleichzeitig angehört, verleiht ihm eine bestimmte Identität. Keine seiner Identitäten darf als seine einzige Identität oder Zugehörigkeitskategorie verstanden werden" (Sen 2007, S.20). Diesen Kollektiven, so Sen, kann der Mensch unterschiedliche Bedeutung zumessen. Je nach Veranlagung und Interesse hat der Mensch demnach die freie Wahl in der Ausdifferenzierung und Formierung seiner Identität.

In Hermann Hesses „Der Steppenwolf" ist von den "Ichs als eine Vielheit" (Hesse 1955, S.66) die Rede. Identität äußert sich als das Zusammenspiel des Körpers als Einheit mit den vielschichtigen Identitäten multipler Seelen.

„Die Brust, der Leib, ist eben immer eines, der darin wohnenden Seelen aber sind nicht zwei, oder fünf, sondern unzählige; der Mensch ist eine aus hundert Schalen bestehende Zwiebel, ein aus vielen Fäden bestehendes Gewebe" (ebd. 1955, S.67).

Keupp betont bestimmte emotionale und kognitive Identitätsziele, nach denen die „tausend Gesichter" eines Selbst[16] streben. Beispielsweise sind Anerkennung, Integration und Autonomie entscheidende Merkmale für ein kognitiv ausgeglichenes Identitätsbewusstsein. Als emotionale Identitätsziele beschreibt er ein notwendiges Grundkontingent von Selbstachtung und die Selbstwirksamkeit.

Das Gefühl, über die Selbstgestaltung des eigenen Lebens verfügen zu können sowie Umstände und Entwicklungen durch Handlungen selbst beeinflussen zu können, ist für die erfolgreiche reflektierte Identitätsarbeit konstitutiv (vgl. Keupp 2002, S.263ff.). „Kognition und Emotion sind aneinander gekoppelt" (Amirsedghi in „Infodienst Nr.80" 2006, S.26). Je geringhaltiger die Anerkennung und Integriertheit eines Individuums, desto geringer ist auch die Selbstachtung, sowie die Bereitwilligkeit zur selbst initiierten, sinnstiftenden Identitätsarbeit.

Bei der postmodernen Optionen-Vielfalt und dem Bedürfnis nach dem Ausleben der inneren Wirklichkeit sind die Grenzen der Möglichkeiten zu beachten. Soziokulturelle Unterschiede, Ungleichheiten und Ungerechtigkeit in einer Gesellschaft bringen erhebliche Einschränkungen in der Umsetzung der individuellen Identitätsprojekte mit sich.

Fehlt das *Schlüsselkapital* für die eigene Selbstverwirklichung und Persönlichkeitsentwicklung und bilden Grundbedürfnisse des Überlebens den Lebensmittelpunkt, rückt die Auseinandersetzung mit der eigenen Identität automatisch in den Hintergrund. [17]

Der Aufbau eines gesunden Selbstbildes und Selbstwertgefühles mittels sozialer Anerkennung und Bildungschancen ist stark abhängig von der individuellen, sozialen, ökonomischen und kulturellen Einbettung des Individuums.

Besonders in der Jugendphase, in der das Experimentieren und die Suche nach der eigenen Identität eine zentrale Rolle spielen, ist es wichtig den Jugendlichen Raum und Gelegenheit zu bieten, Fragen zu ergründen und ihre

---

16 vgl. hierzu auch Welsch, in: „Hybridkultur" 1997, S.76

17 vgl. hierzu H. Keupp 2002, S.198f. „Kapitalsorten nach Bourdieu"

Bedürfnisse auszuleben. Wenn nicht mehr wie bei Erikson von einer abgeschlossenen Identität im Jugendalter ausgegangen werden kann, sondern von einer prozessartigen lebenslangen Identitätsentwicklung als wichtiges Lebensprojekt, muss besonders in diesem Zeitraum eine bedeutsame Entwicklungsaufgabe gesehen werden. Dabei sind die Identitätsentwürfe der Individuen von deren biografischen Erfahrungen, gesellschaftlichen Bewertungen und von sozialer Interaktion beeinflusst. Es bedarf der Intersubjektivität, bei der sich die Person in Reflexion identifiziert, aber auch identifiziert wird (vgl. Kiesel 1996, S.202ff.).

Interaktionistische Identitätskonzepte implizieren sowohl die Interaktion mit Kommunikationspartnern, als auch die ästhetische Auseinandersetzung mit Symbolen, Imaginationen, Objekten und kulturellen Medien (vgl. Spinner 2006, S.18). Die Wahrnehmung von Medien im Alltag mit ihrer mehrdeutigen Symbolik hinterlässt besonders bei jungen Menschen wirkungsreiche Eindrücke von orientierungsschaffenden Vorbildern.

Vorbilder können dabei als Subjekte oder Objekte beschrieben werden, mit denen sich ein Individuum identifizieren kann. Das bedeutet nicht zwangsläufig etwas identisch gleich zu tun, wohl aber die Option, eine Nachahmung in eigenem situativen Kontext zu schaffen und durch die Fähigkeit zur Perspektivübernahme differenzierte Sichtweisen zu erlangen.

„Kulturelle Inhalte und Praxisformen sind [...] für die Identitätsbildung deshalb unverzichtbar, weil sie in ihrer Symbolhaftigkeit Selbstvergewisserung und Selbstdarstellung ermöglichen" (Auernheimer 1990, S.114). Besonders der Sozialpsychologe Mead[18] vertritt die Meinung, dass ein Perspektivwechsel für die Vergegenwärtigung und Ausdifferenzierung des Selbstbildes konstitutiv ist. Weiter erkannte er, „dass physische Objekte der Umwelt, durch ihre soziale Bedeutung ebenso wie andere Personen ein „signifikantes Symbol" bilden und somit für die Selbstbildung wichtig werden" (vgl. Fuhrer in „Psychologie des Selbst", S.51).[19] Diese symbolischen Objekte unterliegen gesellschaftlichen Tendenzen und können, beispielsweise in Kriegssituationen, den Selbstbildungsprozess negativ beeinflussen oder gar hemmen. Kommt es zu

[18] vgl. G.H. Mead 1975: Geist, Identität, und Gesellschaft S.214f.

[19] vgl. auch Freire, 1973: Pädagogik der Unterdrückten S.117

einer Störung im Selbstbildungsprozess kann eine Aufarbeitung anhand von Symbolbildung durch ästhetische Bildung die Wiederaufnahme der Identitätsfindung maßgeblich fördern.

> „Das Subjekt gesellschaftlich-historisch verfasst, das heißt in seinen Selbstkonzepten kulturell geprägt, es wird durch individuelle Biographien ausdifferenziert, es ist in jedem Augenblick der Wahrnehmung neu gefordert, sich zu bestätigen oder zu verändern, und es hat einen Körper“ (Zacharias 2001, S.64 zit.n. Selle 1998)

An diesem individuellen Erfahrungshintergrund und der jeweiligen Befindlichkeit muss der - von Georg Auernheimer als „Identitätsarbeit“ beschriebene Prozess - anknüpfen. Da die Identität eines Subjekts, wie Gert Selle beschreibt, einen Körper hat, ist es besonders effektiv diesen durch ästhetische Identitätsarbeit zu stimulieren. Heute finden an Stelle von rationalen, zunehmend ästhetische Prozesse als sinnliche und flexible Arbeitsweise Einzug in die dynamische Identitätsentwicklung. Die durch Medien wahrgenommene Symbolik bedeutet auch eine Bereitstellung von Ausdrucksformen für die Jugendlichen, die sie in ihren Alltag integrieren können und bei der eigenen Identitätssuche unterstützt. In der Adoleszenz treffen viele körperliche, soziale und kognitive Veränderungen aufeinander, welche bisherige Selbstdefinitionen in Frage stellen. Die aktive Auseinandersetzung mit seiner eigenen Identität hilft die identitätsstiftenden Selbstbilder differenziert zu betrachten und zu vernetzen.

> „Ästhetische Haltungen, Verhaltensweisen und „ästhetische Identität“ entstehen schließlich in einem System symbolischer Beziehungen. Sie bilden das kulturelle Kräftefeld, das seinerseits Vorstellungen entwirft und zurückwirft, Definitionen fasst und Grenzen darstellt“ (Schuhmacher-Chilla 1995, S.11).

Sowohl Doris Schuhmacher-Chilla, als auch Kaspar H. Spinner (vgl. Spinner 2006, S.22f.) stellen das Erlernen von symbolischen Bezügen in Form von kulturellen Objekten als grundlegend für das Zurechtfinden in der eigenen Welt sowie als Verknüpfung zwischen Ästhetik und sozialer Praxis dar.

Die bewusste Wahrnehmung von kognitiven Prozessen der Selbstbewertung, Selbstwahrnehmung und Selbstreflexion ist für das individuelle Handeln und das Verarbeiten der Einflüsse aus dem sozialen Umfeld wesentlich.

Aus der Summe der Selbstbilder entstehen Selbstkonzepte, die eigene Lebensperspektiven und Ziele, Bedürfnisse und Wünsche, Selbst- und Fremdwahrnehmung aufnehmen und sich stets im Spannungsfeld zwischen idealem und realem Selbst befinden. Die Entwicklung von Selbstbildern und Selbstkonzepten ist dauerhaft im Wandel und nicht als statisch zu betrachten, wobei die Wahrung einer Kontinuität und Balancehaltung während dieses Prozesses das Wohlbefinden der Identität des Einzelnen ausmacht.

Die Emotionen spielen als affektive Komponente von Identität eine große Rolle, da durch diese Mechanismen im Körpergedächtnis ausgelöst werden und somit identitätsrelevante, prägende Eindrucke entstehen.

Dieser waghalsige Balanceakt in Bemühung zwischen äußerer und innerer Passung wird erschwert durch die gesellschaftliche Aufforderung nach einer *stabilen* Identität, wodurch ein repressiver Druck für das Individuum entsteht.

Die Konflikte dieser Welt zeigen, dass Identität auch die Illusion einer sich als einzigartig befindenden Gruppe darstellen und in diesem Zusammenhang zum Machtmittel oder zu einer „mächtigen Waffe" (vgl. Sen 2007, S.11) werden kann. Umso wichtiger scheint es eine Identitätsarbeit im Sinne der Persönlichkeitsentwicklung zu leisten. Dabei ist das Agieren in Interkulturellen Dimensionen unverzichtbar, da die persönliche Identität „[...] ohne kulturelle und gesellschaftliche Vorgaben nicht denkbar ist [...]" (Wulff, in: „Kulturelle Identität" 1993, S.11) und damit nicht nur die Mannigfaltigkeit der persönlichen, sondern auch die Vielfalt der kulturellen Identität erfahren, angenommen und verstehen gelernt werden kann.

3.3.2 Kulturelle Identität

Wenn Identität als selbstbeschreibender konstruktiver Prozess des Subjekts verstanden wird, so ist jeder Mensch in diesem einzigartig und unterscheidet sich in seinem Identitätsbewusstsein von den Anderen.

Betrachten wir Identität im Zusammenhang mit der Herkunft, der Landesabstammung oder der spezifischen gesellschaftlichen Einbettung eines Menschen, führen wir seine Eigenschaften, Wahrnehmungen und Einstellungen diesbezüglich auf seine „kulturelle Identität" zurück. „Die eigene Lebensweise ist immer einfach menschlich; die anderer Menschen ist ethnisch, eigentümlich, kulturell besonders" (Eagleton 2001, S. 41).

Ein Zugehörigkeitsgefühl zu einer Gruppe oder die Solidarität innerhalb einer

Gruppe sind konstitutive Merkmale für das soziale Wohlbefinden und die Selbstverortung eines Individuums in seinem kulturellen Kontext. Dabei teilen die einer Gruppe angehörigen Menschen kulturell geprägte Bedeutungsmuster, die von den Mitgliedern beherrscht und verstanden werden.

> „Solche Bedeutungen vermitteln auch, was in einer Kultur als nützlich oder unnütz, schön oder hässlich, als gut oder schlecht gilt, wovor man sich in der einen oder anderen Situation hüten bzw. was man suchen und an was man sich annähern soll" (Wulff in „Kulturelle Identität" 1993, S.11).

Kulturelle Identität kann also in spezifischen Situationen Lösungsvorschläge und Handlungsmuster bieten, nach denen sich der Zugehörige einer Kultur richten kann. *Nationale Identität* bildet dabei einen Teil der kulturellen Identität, da Menschen die gemeinsame Geschichte, Traditionen wie Nationalfeiertage und die Sprache einer Nation teilen.

In durch Kriege oder Gewalt belasteten Ländern kann der Mensch in einen Konflikt mit seiner eigenen Kultur geraten. Plötzlich sieht er sich als Zugehöriger der gleichen Kultur durch gesellschafts- und konfliktbedingte Exklusion als Außenstehender einer Gruppe, wodurch die Selbststabilisierungs- und Orientierungsfunktion von kultureller Identität an Bedeutung verliert.

Ein extremes, exklusives Zusammen- und Zugehörigkeitsgefühl kann so mit dem Ausschluss und der Ablehnung anderer Gruppen einhergehen. Eine übersteigerte Solidarität innerhalb einer Gruppe kann auch „Zwietracht zwischen den Gruppen" (Sen, 2007 S.17) hervorrufen.

Welche Rolle diese kontextuellen Gegebenheiten für die Persönlichkeitsentwicklung eines Menschen spielen, wird im Folgenden näher betrachtet.

Sen kritisiert nicht nur die Einteilung der Welt in „unterschiedliche Kulturen", sondern auch die allgemeine Reduzierung auf eine „singuläre Zugehörigkeit" des Menschen zu einer Gruppe, da er von pluralen Identitäten ausgeht, die mehreren identitätsstiftenden Kollektiven gleichzeitig angehören können (vgl. Sen 2007, o.S.). Bereits innerhalb eines Landes oder einer Umgebung gibt es eine Vielzahl von mannigfaltigen kulturellen Unterschieden. Betrachtet man diesen Aspekt von Kulturen, so verschwimmt die Bedeutung des Begriffs allein schon deshalb. Dennoch hat die kulturelle Identität, die sich durch das Aufwachsen in einer bestimmten Gesellschaft in angeeigneten Werte- und

Normvorstellungen, Gewohnheiten und Habiten (vgl. Fuchs 1999, S.141) ausdrückt, für den Menschen eine maßgebliche Orientierungsfunktion.
Schuhmacher-Chilla beschreibt den kulturell bedingten Habitus eines Individuums, als die allgemeine Disposition, „[...] die in der Folge von Lernprozessen eine Verhaltensnormierung darstellt" (Schuhmacher-Chilla, 1995 S.3). Dabei beeinflussen die kulturell verankerten Einstellungen und Anschauungen zwar das Denken und Handeln des Einzelnen, „[...] aber das heißt nicht, dass sie diese vollständig determinieren" (Sen, 2007 S. 48).
Wulff ist der Ansicht, dass durch die zunehmende Subjektivität in der postmodernen Gesellschaft die kulturelle Zugehörigkeit in Frage gestellt wird und erst durch die distanzierte Betrachtung des eigenen Kontextes eine „kulturelle Identität" bewusst wird (vgl. Wulff in „Kulturelle Identität" 1993, S. 13ff). Im Gegensatz dazu kann in anderen Ländern eine erhöhte Individualität und subjektiv geprägte Denkweise negativ belegt sein und kultureller Konformismus wird vielmehr befürwortet .
Kulturelle Freiheit bedeutet demgemäß, zwischen einer kulturell eher traditionellen Einbettung oder einer individuellen Neuorientierung wählen zu können. Das hieße, eine Diffusion und Differenzierung der eigenen kulturellen Identitäten wird durch Eigenselektion, auch bei gleichzeitiger Beibehaltung der ursprünglichen Umgangsformen, möglich.

Das uneingeschränkte Festhalten an alten Strukturen kann rasch zu einem Kulturkonservatismus übergehen, der strukturelle Vorgaben und Zwänge impliziert und somit eine Einschränkung der kulturellen Freiheit zur Folge hat (vgl. Sen 2007, S.126).
Auch die Lebensqualität und der gesellschaftliche Status lassen sich auf die kulturelle Identität zurückführen, da ein Individuum fürs Erste auf das bereits bestehende Umfeld angewiesen ist, in das es hineingeboren wird. Dabei bildet das jeweilige Milieu kein rein statisches Konstrukt, sondern bietet in seinem Rahmen durchaus Entwicklungsräume.
Unter Anderen kritisieren Schiffauer und Auernheimer zwei extreme Konzepte von kultureller Identität. Die universalistische Haltung geht von der Gleichheit aller Kulturen aus und leugnet somit Differenzen, die unter anderem Ur-

sache von Problemen bilden. Der kulturalistische Ansatz stellt dagegen die kulturelle Differenz heraus und fixiert sich auf die Einzigartigkeit der fremden Mentalität, bis hin zur rassistischen Tendenzannahme.[20]

„Aus iberoamerikanischer Sicht ruft die westliche Monopolisierung des Rationalitätsbegriffs Protest hervor und erscheint den Menschen als Bedrohung ihrer Identität" (Barloewen, in: *Die Zeit* 30.04.08, S.55). Die Aussage des Anthropologen und gebürtigen Argentiniers Barloewen zeigt, dass die Berufung auf den Erhalt der kulturellen Identität bisher ein Thema war, das besonders Entwicklungsländer beschäftigte, da sie bei der zunehmenden Globalisierung ein „überstülpen"[21] der westlichen Kultur und durch deren Unterdrückung ein Entschwinden der eigenen befürchten (vgl. hierzu UNESCO 2005, S.1). Durch die stark zunehmende Migration in westlichen Ländern kam es auch hier plötzlich zu neuen Konfrontationen mit der eigenen kulturellen Identität. Oft wird einem diese erst durch die Begegnung auf engem Raum mit einer differenten kulturellen Identität bewusst. Diese globale Dimension zeigt, dass „kulturelle Identität eines Prozesses der Identifizierung mit der eigenen Kultur bedarf" (vgl. Wulff in „Kulturelle Identität" 1993, S.10).

Die Sichtweisen auf die eigene kulturelle Identität werden durch das Vergleichen und Abgrenzen von Anderen erweitert und ausdifferenziert. Auf diese Interkulturelle Dimension wird im weiteren Verlauf der Arbeit noch näher eingegangen.

3.4 Voraussetzungen bei der Förderung von Persönlichkeitsentwicklung durch soziokulturelle Arbeit

Die Begründung für kulturvermittlerisches Planen und Handeln, beispielsweise die Durchführung von Interkulturellen Projekten, erwächst immer aus der jeweiligen aktuellen gesellschaftlichen Praxis, aus den individuellen Voraussetzungen des Adressaten und dessen sozialer Situation. Daher stellt sich die Frage, in welcher physischen, sozialen, psychischen und lernerfahrenen

20 vgl. hierzu G. Auernheimer, in: „Kulturelle Identität" 1993, S.82f. und S. Schiffauer 1998, o.S

21 vgl. auch P. Freire 1973, das „Bankierskonzept" o.S.

Situation sich der Teilnehmer befindet und welche Bedeutung, welchen Sinn der zu vermittelnde Inhalt für ihn hat.

> Wenn spätestens seit der Bildungsreform der sechziger Jahre bekannt ist „[...], dass der Mensch zu seiner Selbstverwirklichung und Selbstbestimmung ästhetische Mittel ebenso dringend braucht wie ökonomische, dann muss allen Bürgern diese Voraussetzung zur Chancengleichheit geboten werden“ (Hoffmann 1979, S.53).

Was Hilmar Hoffmann hier 1979 in seinem Buch: „Kultur für alle“ beschreibt, bezieht sich vor allem auf Deutschland und westlich geprägte Länder.
Probleme bei der Integration und Teilhabe an kultureller Beschaffenheit jeglicher Art existieren in den industriell und gesellschaftspolitisch weit entwickelten Teilen dieser Welt. Wenn bereits hier Voraussetzungen für die Bereitstellung kultureller Ausdrucksmöglichkeiten nicht oder nur partiell gegeben sind, stellt sich die Frage, wie sich die Situation in Entwicklungsländern, in denen Krieg, Armut und Hunger an der Tagesordnung stehen, gestaltet. Gewiss haben dort Bedürfnisse, die bei Maslow an erster Stelle der „Bedürfnispyramide“ stehen, wie Sicherheit und körperliche Bedürfnisse, Vorrang. „Die persönlichen Krisen haben [...] meistens tief in Gesellschaft und Kultur verwurzelte [...] Ursachen, die zu Ängsten, Depressionen und anderen schweren psychischen Störungen führen“ (ebd. 1979, S.264).
Ästhetische Bildung, eingebettet in Projektarbeit, leistet einen beachtlichen Beitrag für die psycho-soziale und physische Verfassung des Adressaten, bei der das Selbstbild erheblich gestärkt und die kulturelle Verbundenheit wiederbelebt werden kann. Es geht hierbei nicht um kulturelle Missionierung, sondern im Sinne Freires um die Befreiung des Adressaten zur Selbstbefreiung und -bestimmung durch pädagogische Interventionen (vgl. Freire 1973).

> “Zum Subjekt kann nur gebildet werden, wer von vorneherein als Subjekt behandelt wurde, wem die Kompetenz zur eigenen angemessen Lebensgestaltung entsprechend Entwicklungsstufe, sozusagen bedingungslos zugesprochen wird“
> (vgl. Zacharias 2001, S.66).

In Kolumbien beispielsweise, wo seit über 35 Jahren ein militärischer Konflikt das Land erschüttert, leben die Menschen in Unruhen, Angst und Schrecken, wodurch die Chance auf ein persönlich wertschätzendes Bild seines Selbst gering ist. Die Vertreibung aus der Heimat, die Verschleppung von Familienmitgliedern durch die verschiedenen militärischen Gruppen, die Land und

Haus besetzen, führt zu einer Entbindung aus dem ursprünglichen sozialen Gefüge. Die Orientierung durch Gewohnheiten, ein Heimatgefühl und Solidarität werden zu unzweckmäßigen Gegebenheiten.
„Kinder mit ungünstiger Anfangslage werden von vornherein um ihre Identität und Stellung in dieser Welt gebracht" (Hoffmann 1979, S. 281). Demnach sind besonders Kinder und Jugendliche von dem Konflikt betroffen, denn auf der Flucht ist jeder auf sich alleine gestellt, die Beziehung zu einer Gemeinschaft und zu der eigenen kulturellen Herkunft wird gebrochen, Hunger, Not und Überleben bilden plötzlich den Lebensinhalt.

> Das Problem „[...] des symbolischen Transformationsprozesses besteht darin, dass das unterschiedliche „Haben" umgewandelt wird in unterschiedliches „Sein" der Akteure: aus ökonomischen Unterschieden werden somit sozial ein exklusiver Lebensstil und individuell eine vornehme, distinguierte Persönlichkeit" (Müller-Rolli 1988, S.170).[22]

In Kolumbien führt Flucht aus einem hoffnungslosen und sinnentleerten Leben direkt in den bewaffneten Konflikt.

Viele Jugendliche und sogar Kinder geben der Versuchung von großzügigen materiellen Versprechungen nach, die ihnen vom jeweiligen militärischen Regime angepriesen werden. So begeben sie sich - angetrieben vom Nutzlosigkeitsgefühl - ahnungslos in die Obhut von gewaltbereiten Gruppen, aus der ein Entkommen fast unmöglich ist. Die Perspektive von einer festen Einbindung in soziale Strukturen wie Familie, Schule, Sportvereine und Berufsausbildung wird zunächst gegenstandslos.
„Das Bewußtsein der Unterdrückten ist ein unterdrücktes Bewußtsein" (Freire 1973, S.10 zit. n. Bernhardt). In Gesellschaften mit unausgeglichenen Machtverhältnissen und Krisensituationen werden die Unterdrückten ihrer Selbstständigkeit beraubt und kreative Potenziale bleiben unbewusst und unentdeckt. Die Lust künstlerisch selbsttätig zu werden schwindet zunehmend, wenn Existenzängste und Hoffnungslosigkeit überhand nehmen.
„Geglückte Identitätsbildung setzt immer voraus, daß Lebensentwürfe auch realisierbar sind, [...] Fehlen reale Perspektiven so sind auch die Identitätsentwürfe gefährdet" (Auernheimer, in: „Kulturelle Identität" 1993, S.88).

---

22 vgl. hierzu auch P. Freire, 1973 S.57f. und E. Fromm 2005, „Haben und Sein", o.S.

Psychosoziale Fachkräfte sind unentbehrlich, um nach der Flucht oder Kriegszeit Hilfestellung und Begleitung für die Wiederherstellung von emotionaler Stabilität und Resozialisierung für die Opfer zu leisten.
„Befreiung kann nur *mit* dem Volk gelingen, nicht *für* das Volk“ (Freire 1973, S.23). Um eine Mitwirkung zu bewerkstelligen, muss zunächst die eigene Situation der Unterdrückung und ihre Ursachen erkannt, sowie im Freiheitswunsch als kritikwürdig und nicht aussichtslos befunden werden. Um sich als Subjekt die eigene Situation objektiv gegenwärtig und durch Reflexion deutlich zu machen, braucht es der aktiven Auseinandersetzung in der Praxis. Projekte wie *Taller de Vida*, die „Werkstatt des Lebens“ in Kolumbien, bieten dafür Gelegenheit und tragen somit zum Widerstand gegen die Unterdrückung bei. Im Folgenden wird genauer erörtert, inwiefern deren Arbeitsweisen einen Beitrag zur Persönlichkeitsentwicklung und somit eine Hilfe zur Selbstbefreiung bedeuten.

Die genannten problematischen Bedingungen und Einflussfaktoren gilt es zu beachten, wenn man Raum für soziokulturelle Projektarbeit mit Betroffenen schaffen möchte. Durch den engen Realbezug bei Partizipation an einer ästhetischen Erfahrung wird das Erlebnis gleichzeitig zu einer sozialen Erfahrung, wodurch Teilhabe am gesellschaftlichen Alltagsleben wieder zum Ziel wird (vgl. Weintz 2008, S.124). Zielorientierte soziokulturelle Arbeit knüpft immer an der jeweiligen Individualsituation der Teilnehmer an und kann somit Hilfestellungen bei der Findung von kulturellen und gesellschaftlichen Wurzeln leisten, wodurch ein Beitrag zur Identitätsentwicklung geleistet wird.
Kulturelle Projekte geben die Möglichkeit zur alternativen Darstellung von innerlichen Befindlichkeiten und traumatischen Erlebnissen mit künstlerischen Mitteln, die oft nicht zu verbalisieren sind. Das Gefühl, dadurch wahrgenommen zu werden und seine Aussagen als Beitrag zu einer friedlichen Kommunikation relevant zu wissen, gibt Hoffnung und Zuversicht auf das Wiederfinden von einem Platz in einer gewaltfreien Gesellschaft als respektiertes und anerkanntes Subjekt. Zudem gibt es das Selbstvertrauen über eigene Entscheidungspotenziale zu verfügen. Dadurch können die Individuen trotz begrenzter Möglichkeiten in einer Gesellschaft und den daraus folgenden Wi-

derständen, Diskriminierungen und Zuschreibungen ihr Leben selbst in die Hand nehmen und über die eigene Identität selbst bestimmen.
So entstehen die Kraft und der Eindruck zur Selbstwirksamkeit, um die „Kultur des Schweigens" (vgl. Freire 1973, S.9ff.) zu brechen, um elitären Machtstrukturen seine eigene Stimme entgegenzusetzen und das Recht auf Menschlichkeit und Freiheit einzufordern.[23]

> „Es geht nicht nur darum, im kulturellen Bereich undemokratische Strukturen abzubauen, sondern gleichermaßen auch darum, grundsätzliche Voraussetzungen zur Partizipation, zur Teilhabe breiter Bevölkerungsschichten und Minderheiten an dem zu schaffen, was unter einem demokratischen Kulturbegriff niemandem länger vorenthalten werden darf" (Hoffmann 1979, S. 263).

Aktuell besteht ein erheblicher Bedarf an pädagogischer Arbeit auch in Interkulturellen Dimensionen (vgl. 4.1 Interkulturalität).

Doch damit die Interventionen gelingen können und Fremdenhass vorgebeugt wird, bildet eine stabile „Ich-Identität" eine bedeutsame Voraussetzung für das Interkulturelle Denken und Handeln. Die Psychoanalytikerin Ursula Baumgardt äußert dazu: „Je stabiler die ist, desto mehr ist es für Individuen und Kollektive möglich, Fremden gegenüber aufgeschlossen zu sein" (Auernheimer in „Kulturelle Identität" 1993, S. 34 zit. n. Baumgardt).
Kultur und Macht bedingen sich gegenseitig. Die Geltungs- und Wahrheitsansprüche der jeweiligen Auffassungen von kulturellen Wert- und Orientierungssystemen, sowie religiösen Neigungen begründen durch fundamentalistisches und exklusives Denken die Konflikte dieser Welt.[24]
Jedoch entgegen der pessimistischen These Samuel Huntingtons vom „Kampf der Kulturen" (vgl. Huntington 1996) wurde bereits 1982 auf der Weltkonferenz zur Kulturpolitik in Mexiko festgehalten, dass „[...] Ausgangspunkt und Ziel aller Kulturpolitik *der kreativ handelnde Mensch* ist, und zwar ohne Diskriminierung seiner sozialen, geschlechtlichen, rassischen oder sonstigen Gruppenidentitäten" (vgl. Schöfthaler in „Kultur und Entwicklung" 1998, S.7).

---

[23] vgl. hierzu UNESCO 2005, S.3 „1. Grundsatz der Achtung der Menschenrechte und Grundfreiheiten"

[24] vgl. hierzu D. Oesselmann, in: „Transkulturalität und Identität" 2005, S.204ff.

4 Interkulturelle Projektarbeit

Um die Entwicklungspotenziale und Handlungsmöglichkeiten von Interkultureller Projektarbeit herauszustellen, wird zunächst der Begriff der Interkulturalität kurz beleuchtet. Daraufhin wird das Hauptanliegen durch Praxisbeispiele, anhand persönlicher Erfahrung und spezifischer Interviews veranschaulicht.

4.1 Interkulturalität

Interkulturalität grenzt sich in seiner Wortbedeutung insofern von *Multikulturalität* ab, indem es die Bezugnahme aufeinander und die Beziehungen „zwischen" (Inter-) den Kulturen thematisiert, wobei *multikulturell* das bloße Nebeneinander von Kulturen beschreibt. Häufig werden die Begriffe synonym verwendet und mit wortverwandten Phänomenen wie Interkulturelle Kompetenz oder Interkulturelles Lernen zusammengebracht. *Multikulturalität* ist seit der Einwanderungswelle der siebziger Jahre als politischer Begriff eingeführt worden und fand in den achtziger Jahren auch auf kultureller Ebene Anwendung. Er wird als unzureichend empfunden, weil er Machtverhältnisse und leitkulturelle Gegebenheiten außer Acht lässt und sowohl politischen, als auch gesellschaftlichen Prozessen nicht genügen kann. Die Koexistenz von Teilkulturen wird akzeptiert und Folgeerscheinungen wie Gettoisierung und Kulturfundamentalismus werden von Vertretern des Multikulturalitätskonzepts übersehen.
Weltweite Vorgänge wie die Globalisierung, internationale Migration und die europäische Einigung verlangen verstärkt nach Interkulturellen Kompetenzen, sei es in der politischen, beruflichen oder kulturellen Auseinandersetzung.
Interkulturelle Kompetenz, als Mittelbegriff zwischen Qualifikation und Bildung, meint hier die Fähigkeit mit Menschen, die andere kulturelle Hintergründe haben, „[...] zur wechselseitigen Zufriedenheit unabhängig, kultursensibel und wirkungsvoll interagieren zu können" (Interkulturelles Lernen 2000, S. 358).

Da sich die Interkulturelle Pädagogik als Ansatz Interkulturellen Lernens aus der Kritik an der „Ausländerpädagogik" der siebziger Jahre entwickelt hat,

konstituiert sich hier die Kritik an dem Begriff.[25] Ihm liegt die Annahme zugrunde, dass basierend auf der kulturellen Differenz ein Defizit bei Immigranten vorliegt und daher Bedarf an integrativen Interventionen durch pädagogische Hilfestellung besteht. Das kann auch einen Assimilierungs- und Akkulturationsdruck auslösen, mit dem die Einwanderer konfrontiert werden (vgl. Auernheimer 1990, S.80f.).
Die Voraussetzungen zu gelungener Interkultureller Arbeit sind immer von den jeweiligen gesellschaftlichen, politischen und rechtlichen Rahmenbedingungen abhängig. „Interkulturelle Bildung muss immer auch politische Bildung sein“ (Interkulturelles Lernen 2000, S.19). Durch globale Prozesse sind neue Gesellschaftsformen entstanden, die mit Begriffen wie „Patchwork“, „Hybridkultur“[26] oder „Kreolisierung“ (vgl. Bolscho, in: „Transkulturalität und Identität“ 2005, S.34) beschrieben werden.

Inzwischen bezieht man den Begriff des Interkulturellen Lernens nicht mehr nur auf Erfahrungen mit anderen Kulturen, sondern geht davon aus, dass bereits im eigenen Umfeld unterschiedliche Bedeutungssysteme einer intensiven Verständigung bedürfen. „Geschlechterkulturen, soziale Milieus, Regionalkulturen [...]“ („Interkulturelles Lernen“ 2000, S.21), sind nur wenige von vielen unterschiedlichen kulturellen Kontexten, die jeweils eine individuelle Auseinandersetzung erfordern. „Diese können natürlich auch die große Gemeinsamkeit einschließen, dass wir alle Menschen sind, aber daneben viele sonstige Identitäten, die jeder gleichzeitig hat“ (Sen 2007, S.19). Bedenkt man die pluralistische Begebenheit unserer Identität, erklärt sich, dass jede Situation der Wahrnehmung der Identitäten des Anderen zur Interkulturellen Begegnung werden kann. Diese Situationen des Selbst- und Fremdempfindens ist stark von Machtverhältnissen und der spezifischen Wahrnehmung abhängig.
Die soziale Welt erhebt Unterschiede alleine schon durch deren Benennung. Kulturelle Verallgemeinerungen und Vorurteile, bis hin zur Diskriminierung bestimmen, lenken und vereinfachen unser Denken über den Anderen. Ste-

[25] vgl. hierzu S. Hall, in: „Widersprüche des Multikulturalismus“ 1995, S.35f.
[26] vgl. hierzu K. Seitz, in: „Transkulturalität und Identität“ 2005, S.61 und S. Hall, in: „Die kleinen Unterschiede“ 1999, S.105

reotypisierungen sind notwendige und praktische Phänomene, um sich von Differentem abgrenzen und gleichzeitig dessen Verhalten verorten zu können. Nicht das jeweilige „Erhalten“ sondern die „Entwicklung“ von kultureller Identität sollte im Vordergrund stehen.[27] Aufklärung ermöglichen, Offenheit zu schulen, sowie Verständnis und Einfühlungsvermögen für das auf den ersten Blick „Fremde“ und „Andere“ auszubilden sind zunächst einmal wichtige Aufgaben der aktuellen Interkulturellen Pädagogik.
„Imagination creates the situation and, then, the situation creates imagination“ (Hall 1995, S.5 zit. n. James Baldwin). Wenn es die Vorstellungskraft ist, die Wirklichkeit erzeugt, Verhalten des Anderen bewertet und dadurch eine Situation auf bestimmte Art und Weise beeinflusst, ist es wichtig gerade diesen Aspekt bei Interkulturellen Begegnungen ins Bewusstsein zu rufen. „Ja, das Bewußtsein selbst ist der Beginn einer [...] Umwandlung. Was bloße Erschütterung war, wird zum Anstoß“ (Dewey 1988, S.35).
Wenn es andernfalls die Situation selber ist, die eine Vorstellung kreiert, so ist die Schaffung einer bestimmten Atmosphäre an einem entsprechenden Ort, sowie die Vergegenwärtigung der eigenen Wahrnehmung in der jeweiligen Situation von großer Bedeutung. Freire vertritt eine ähnliche Ansicht indem er sagt: „Menschen sind, weil sie in einer Situation sind“ (Freire 1973, S.122). Kommunikation im Interkulturellen Kontext ist also abhängig von den Interpretationen, durch die wir hinsichtlich der eigenen Vorstellungen selektiv das Verhalten des Anderen bewerten und deuten.
Kultur kann in diesem Sinne mit einem „Eisberg“ verglichen werden: Der Großteil bleibt unter der Wasserfläche verborgen, lediglich die Artefakte werden im Verhalten des Menschen sichtbar, nicht aber die zahlreichen Grundprämissen und Wertvorstellungen[28] die den Handlungen zu Grunde liegen (vgl. hierzu Schein 1995).
Bei der Vorbereitung von Interkulturellen Begegnungen ist es daher vorteilhaft, Hintergrundwissen über die Lebensentwürfe und Positionierung des An-

---

[27] vgl. hierzu auch G. Auernheimer, in: „Kulturelle Identität“ 1993

[28] vgl. hierzu F. Schulze v. Thun 2003, in: Bd. 2 „Das Werte- und Entwicklungsquadrat“ insb. S.38-55 zum Überprüfen und beleuchten der eigenen Wertvorstellungen.

deren bereitzustellen und zu veranschaulichen, damit neu gewonnene Eindrücke den Vorstellungsprozess (ein-)leiten können. Vor allem die Beobachtung der eigenen Wahrnehmungs- und Deutungsmuster und deren Begrenztheit, sowie eine umfassende Selbstreflexion schafft die nötige Bereitschaft, um Interkulturelle Kompetenz zu entwickeln (vgl. Kiesel 1996, S.209ff.). So ist es möglich, nicht mehr den „Angehörigen einer anderen Kultur" zu sehen, sondern den Menschen mit seiner einzigartigen Persönlichkeitsstruktur, der dieser Beschreibung zu Grunde liegt. Mit dieser Erkenntnis wird der eigene Filter des „Egos" (vgl. Baumann 1990, S.58) automatisch erweitert und es fällt leichter Affinität aufzubauen und den Anderen als gleichwertig zu respektieren und wertzuschätzen. „Gleichberechtigter Partner im Interkulturellen Dialog kann nur sein, wer auch andere Traditionen gelten lässt und in diesem Sinne die Werte Toleranz und Pluralismus gelten lässt" (Schöfthaler in „Kultur und Entwicklung" 1998, S.8). Die Ausbildung von „Ambiguitätstoleranz" ist Basis für eine gelungene Kommunikation, denn es gilt in Interaktionen das Spannungsfeld zwischen eigenen Identitätsvorstellungen und situationsbedingten Umständen auszuhalten (vgl. Kiesel 1996, S.213).

Um gelungene Interkulturelle Projektarbeit zu bewerkstelligen, muss - in der Annahme einer dynamischen Entwicklung von Kultur - die Basis der rechtlichen Gleichstellung aller Beteiligten gegeben sein und kulturelle Differenz nicht als verhandelbar gelten, sondern als unausweichlich und konstruktiv betrachtet werden (vgl. Köhl, 2001 S.67f.).

> „Die Hoffnung auf Eintracht in der heutigen Welt beruht in hohem Maße auf einem klareren Verständnis der Vielzahl unserer menschlichen Identitäten und der Einsicht, dass diese sich überschneiden und damit einer scharfen Abgrenzung nach einem einzigen unüberwindlichen Einteilungskriterium entgegenwirken" (Sen 2007, S.10).

Besonders die Interkulturalität im Denken Theodor W. Adornos gilt als „[...] Wegbereiter für die Anerkennung des Fremden als „Identität des Nichtidentischen" (Schippling 2007, S.71).

In der Shell Jugendstudie 2006 kommt zum Ausdruck, dass Jugendliche die Globalisierung mit Skepsis betrachten (vgl. 15. Shell Jugendstudie 2006, S.167). Es besteht also dringender Bedarf, Begriffe wie diesen zu beleuchten,

Kritik zu formulieren, sowie Vorteile und Potenziale herauszuarbeiten. So werden Jugendliche befähigt, durch die Ausbildung von Interkulturellen Kompetenzen ihre Meinung zu erzeugen, um darauf aufbauend zu handeln und zu interagieren. Die Interkulturelle Pädagogik muss sich heute Vorwürfen ihrer zu stark kulturalistisch geprägten Arbeitsweisen unterziehen, indem sie zu sehr die Unterschiede zwischen den Kulturen hervorhebt, dort die Hauptursache für Probleme ansiedelt und daher in ihrer Methodik einseitig die Schulung von Empathie und Verständnis für den Anderen betont.
Der Kritik an dem anderen, universalistisch geprägten Extrem, liegt die völlige Missachtung und Leugnung jeglicher Differenz zugrunde, ohne auf das Selbstverständnis der betrachteten Minderheitengruppe zu achten.
Sen spricht in ihren Aussagen auch den transkulturellen Aspekt von Interkulturalität an, der sich darin ausdrückt, dass „Eigenes" und „Fremdes" sich nicht mehr trennen lässt und ein grenzüberschreitendes Kulturverständnis von dem Subjekt gefordert wird.
Wolfgang Welsch zufolge beschreibt *Transkulturalität* das Phänomen der Mischung und Durchdringung von Kulturen und demzufolge das Überschreiten traditioneller Kulturgrenzen. Damit sind sowohl die im Zuge der Individualisierung vorgehenden Veränderungsprozesse innerhalb einer Gesellschaft, als auch das Verschwimmen der Staats- und Kulturgrenzen durch globale Entwicklungen gemeint. Anstatt Separierung und Konflikte durch „multikulturelle Ansätze" zu fördern, setzt dieser Entwurf auf eine neuartige Verflechtung und das Entdecken von Gemeinsamkeiten durch Interaktion und Austausch. Hierbei besitzen „Transkulturelle Identitäten [...] eine kosmopolitische Seite ebenso wie eine Seite lokaler Zugehörigkeit" und können daher sowohl den naheliegenden, als auch den globalen Anforderungen gerecht werden (Welsch, in: „Hybridkultur" 1997, zit. n. Hannerz 1992, S.80).

Der Kritik an dem Konzept der Transkulturalität zum Trotz, da es für viele nur eine neue Form der Uniformierung bedeutet, argumentiert Welsch mit der Entstehung eines neuen „Typus von Vielheit", der „[...] aus transkulturellen Kombinationen hervorgeht" (ebd. 1997, S.78). Die transkulturelle Vorstellung von dem Verhältnis der Kulturen könnte demnach für die Auffassung von Clif-

ford Geertz eine Verknüpfungsmöglichkeit der zahlreichen Arme seiner „Kultur-Krake“ (vgl. Geertz, 1983 a.a.O.) bedeuten. Da diese Aufgabe sich einer enormen Komplexität und Dynamik stellen muss, werden neue (pädagogische) Konzepte benötigt, die dem jeweiligen demografischen und gesellschaftlichen Wandel gerecht werden können (vgl. Kiesel 1996, S.229)
"One Creates something, two creates one." In diesem Sinne bilden Interkulturelle Projekte die Basis für eine bessere Verständigung und gemeinsames kreatives Schaffen über sprachliche Grenzen hinaus. So können gemeinsame Lösungswege gefunden, von- und miteinander gelernt, einander zugeschaut und zugehört werden, um geduldig mit den Gewohnheiten oder Traditionen anderer umzugehen. Dadurch können Grenzen überwunden, Vorurteile verringert und Brücken gebaut werden, die durch die Effektivität und Intensität während dem eigenen Handeln nicht mehr vergessen werden.

> „Ästhetische Erfahrung wäre [...] als eine spezifische soziale Erfahrung zu verstehen, die das befremdlich Erscheinende des anderen akzeptiert, seine Perspektive zu übernehmen versucht, ohne es einer vordefinierten Kontrollgröße einzuverleiben“ (vgl. Schuhmacher- Chilla 1995, S.165).

Dabei spielen der Dialog zwischen den Menschen und der möglichst frühzeitige Beginn des Erlernens Interkultureller Kompetenz im Kindesalter eine bedeutsame Rolle.[29] Ob dieser sich nun in verbaler Kommunikation oder in körperlicher Aktion ausdrückt - wichtig ist, dass dem Individuum als „Dialogwesen“ (vgl. Freire 1973) die kommunikative Auseinandersetzung mit seiner Umwelt und dem jeweiligen Gegenüber ermöglicht wird.

Auch „[...] wenn uns selbst klar ist, wie wir uns sehen möchten, ist es unter Umständen schwierig, andere dazu zu bringen, uns genauso zu sehen“ (Sen 2007, S.22). Wir können nicht wissen, wie Andere uns wahrnehmen und wie sehr deren Wahrnehmung davon abweicht, wie wir uns selbst sehen. Daher kann nur eine ganzheitliche Kommunikation dazu beitragen, die eigenen Ansichten dem Empfänger[30] möglichst verständlich darzustellen und zu artikulie-

---

[29] vgl. D. Smith, in: „Infodienst Nr. 79“ 2006, S.32f. und B. Rink; A. Altenähr 2008, „Interkulturelle Kompetenz durch internationale Kinderbegegnung“ S.6ff.

[30] vgl. auch F. Schulz von Thun 2003, Bd. 1, das „Kommunikationsquadrat“

ren. „Dialog ist die Begegnung zwischen Menschen, vermittelt durch die Welt, um die Welt zu benennen“ (Freire 1973, S.94). Diesbezüglich ist zu beachten, dass geteilte Normen und Ansichten auf verschiedenen kulturellen Motiven beruhen. „Eine kulturell vielfältige Gesellschaft kann für andere in dem Sinne vorteilhaft sein, daß sie aus einer großen Vielfalt von Erfahrungen schöpfen können, [...]“ (Sen 2007, S.125). Um die Diversität als Bereicherung wahrzunehmen, ist es notwendig für Aufklärung und Verständnis zu sorgen, um entsprechendes Bewusstsein zu erlangen. „Kulturelle Synthese leugnet nicht die Unterschiede zwischen beiden Anschauungen, sie ist vielmehr auf diese Unterschiede gegründet“ (Freire 1973, S.216). Verständnis muss nicht automatisch das Entgegenkommen und Aufbringen von Empathie durch Entdecken von Gemeinsamkeiten bedeuten, sondern auch das Wahrnehmen, sowie die Akzeptanz und das Aushalten des von Unterschieden behafteten Spannungsfeldes.

Wenn das „Dialogische Prinzip“ gelingt, geschieht folgendes: „Das Ich und das Du werden in der Dialektik dieser Beziehung zwei *Du*, die zwei *Ich* werden“ (ebd. 1973, S.198). Begriffe wie Zuschreibung, Vorurteil, oder Stereotype (vgl. Kaschuba in “Kultur in NRW.“ 2001, S.19f.) sind Teil des Anerkennungsprozesses und beeinflussen unsere Wahrnehmung in der Interkulturellen Arbeit. Durch Beleuchtung, Auseinandersetzung und Klärung sollten diese Phänomene ins Bewusstsein gerufen und der Abbau, beispielsweise durch Interkulturelle Projektarbeit, gefördert werden.

4.2 Die KinderKulturKarawane

Die Kinder- und Jugendkulturkarawane unter Trägerschaft des *Büros für Kultur-und Medien- Projekte Hamburg gGmbH* besteht seit dem Jahr 2000 mit großem Erfolg und Anerkennung. Als offizielles Projekt der UN-Weltdekade „Bildung für nachhaltige Entwicklung“ ausgezeichnet, hat die *KinderKulturKarawane* den Anspruch, Interkulturelle Vermittlungs- und Entwicklungsarbeit durch die Initiierung von kulturpädagogischen Projekten zu leisten. Gruppen

---

und M. Itoh 2002, „Kleine Schule des Verstehens“

von Kindern und Jugendlichen aus Afrika, Asien und Lateinamerika werden eingeladen, um sich und ihre Lebenswelten während einer mehrwöchigen Tournee, als „Karawane“ von Ort zu Ort reisend, bei Auftritten, Workshops oder Projekten zu präsentieren und mit den Teilnehmern auszutauschen.

Die *KinderKulturKarawane* leistet einen erheblichen Beitrag zur aufklärenden Interkulturellen Bildungsarbeit. „Politische oder kulturelle Unterdrückung und soziale Ausbeutung in anderen Ländern sollten nicht ausgeblendet werden, [...]“ (Auernheimer 1990, S.188). Die Menschen werden mit der Realität eines anderen Landes konfrontiert und zum Nachdenken angeregt. Hierbei erhalten die Teilnehmer vor allem auch einen sinnlichen Eindruck von der Vielfalt der Kulturen dieser Welt, wodurch die meist einseitige, von Hunger, Not und Krieg geprägte Vorstellung von Entwicklungsländern erweitert wird.

> „Wir möchten ein anderes Bild bieten, von dem, was gemeinhin als „Dritte Welt“ bezeichnet wird. Es gibt viele Vorurteile und verfälschte Bilder, bis hin zur Ablehnung von Immigranten. Wir zeigen die Kehrseite davon; hochstehende, vielfältige Kulturen, kreative junge Menschen, die ihr Schicksal selbst in die Hand nehmen, die fantastische künstlerische Programme auf die Bühne bringen und letztlich uns hier auch noch etwas beibringen können“ (Classen 2008, S.2).

In vielseitigen künstlerischen Darbietungen, mit modernem Theater, Musik, traditionellen Tänzen, Akrobatik oder Rap zeigen die Kinder und Jugendlichen einen Teil aus ihrer Lebenswirklichkeit, in dem sie auch auf die Kehrseite vom Elend, die kulturelle Mannigfaltigkeit, die politische Aktivität und die Freude am künstlerischen Ausdruck hinweisen.

Verschiedene Sponsoren, die Gage der Gastgeber und Fördergelder machen das Projekt realisierbar, auch wenn der Kampf um hinreichende finanzielle Unterstützung täglich neu beginnt. Überzeugung, Motivation und Optimismus ermöglichen jedoch immer wieder die jenseits des sprachlichen Ausdrucksvermögens liegenden, von Kreativität geprägten Begegnungen, die das gegenseitige Lernen, den Respekt vor- und die Neugierde füreinander fördern. Projekte, bei denen die Jugendlichen sich austauschen können, schaffen auch Perspektiven für neue Lebensansätze der Jugendlichen hierzulande, wobei die Arbeit von den Gruppen der *KinderKulturKarawane* häufig als eine Art Vorbildfunktion fungiert. „Gerade Hauptschüler fühlen sich verbunden mit den [...] Jugendlichen, die vor einer ähnlichen Perspektivlosigkeit standen und nun ein Vorbild darstellen und Modelle für eigene mögliche Lebensentwürfe liefern“ (ebd. 2008, S.10).

Die Teilnehmer haben bereits zu Hause bei der künstlerischen Arbeit in den Projekten, während der kreativen Auseinandersetzung mit eigenen traumatischen Lebenserfahrungen, vermehrt Selbstbewusstsein und Vertrauen auf die eigene Kraft zur Veränderung sowie positive Zukunftsaussichten gewonnen. Das spüren auch die Jugendlichen hierzulande und bekommen einen Eindruck davon, welche Energie und Kraft freigesetzt werden kann, wenn man kulturell und kreativ aktiv wird. Dementsprechend heißt der Leitsatz der *KinderKulturKarawane*: „The Power of Culture“, und macht deutlich wie wichtig und bedeutsam dieser Ansatz des Interkulturellen Austauschs als unersetzbare Lernerfahrung in einem Globalisierungszeitalter ist. Dabei bleibt es nicht nur bei der Interkulturellen Begegnung zwischen der Gruppe und den hiesigen Jugendlichen, sondern es entstehen auch Gelegenheiten, die Teilnehmer der *KinderKulturKarawane* aus anderen Ländern zu treffen. Zudem wird die Aufmerksamkeit auf die kulturelle Vielfalt im eigenen Umfeld dirigiert. Durch die intensive und positive Begegnung mit einer teilnehmenden Gruppe wird bewusst, dass auch die eigenen Mitmenschen anderen Kulturen angehören. Dadurch wird die Wahrnehmung für die dahinterstehenden Erfahrungshorizonte sensibilisiert und das Interesse geweckt. So kann aus kulturellen Parallelwelten ein multikulturelles Miteinander entstehen und gefördert werden.

Diese verschiedenen Dimensionen von Interkulturellem Lernen gehören zu den Leitideen der *KinderKulturKarawane*.

5 Taller de Vida

Um das Anliegen dieser Arbeit zu verdeutlichen und die Beschreibung der *KinderKulturKarawane* zu veranschaulichen, wird im Folgenden eines der teilnehmenden Projekte aus dem Jahr 2007 und dessen Arbeit als beispielhaftes Modellprojekt in kurzen Zügen vorgestellt.

5.1 Taller de Vida - das Projekt

Durch den bewaffneten Konflikt, von dem die Mehrheit der kolumbianischen Bevölkerung seit Jahrzehnten betroffen ist, sind vor allem Frauen und Kinder auf der Flucht. Die Trauer um den Verlust von geliebten Menschen und Besitz, Angst, Wut, Hunger und Not stehen an der Tagesordnung bei der langen und aussichtslosen Reise, die meist in den Slums von Bogotá endet. In *Cazucá*, einem der Slums und im Zentrum der Stadt bietet das Projekt *Taller de Vida*, den Flüchtenden seit 1992 emotionalen Halt, die Möglichkeit zur Auseinandersetzung mit dem Erlebten, psychische Unterstützung und vor allem neuen Antrieb um wieder Lebenskraft und -sinn schöpfen zu können. Auch die Integration in der Fremde und die Prävention vor Zwangsrekrutierung Jugendlicher sind Hauptziele der Einrichtung, bei der neben Psychologen, Sozialarbeitern und Kulturpädagogen auch viele Freiwillige mitarbeiten. Teilnehmer, die schon länger dabei sind, unterstützen die „Neuankömmlinge" und schenken ihnen Mut und Hoffnung bei der Wiederaufnahme des eigenen Lebenstraumes (vgl. Moreno 2008). Die Gefahr, dass sich Kinder und Jugendliche mangels Arbeits- und Ausbildungsperspektiven den militärischen Gruppen anschließen ist groß, denn sie bieten eine wirtschaftliche Alternative und locken mit „sozialem Aufstieg".[31] Ohne sich der Bedeutung bewusst zu sein, erlernen sie in diesen Gruppen das Denken in Gewalt- und Machtkategorien. Hier versucht *Taller de Vida* einzugreifen und alternative Ausdrucksformen für gewaltfreie Verhaltensweisen und Lösungen von Konflikten zu finden.

---

[31] vgl. hierzu Rap-Text: „Bewaffneter Konflikt", in: Programmheft v. Taller de Vida 2007: „[...] Die bewaffneten Gruppen zerstören/ die Zukunft Kolumbiens, denn sie nehmen sie mit/ sie nehmen die Kinder/ sie betrügen sie/ und behaupten, die Waffe sei das beste Geschenk/ [...]"

Oberstes Gebot in allen Workshops ist das *Handeln als gewaltfreier Ausdruck.* Für die Umsetzung sind kreative und kulturpädagogische Projekte besonders geeignet. Oft entstehen dauerhafte Gruppen, die bei den Jugendlichen besonders beliebt sind und eine langfristige Perspektive bedeuten.

Sie sollen die Jugendlichen stärken, sie kritikfähiger und aufmerksamer machen und so auf Alternativen hinweisen. Diese Erfahrungen bilden einen bedeutsamen Schritt für die Reintegration in das gesellschaftliche Leben und Einstieg für den weiteren Lebensweg. „Jeder hat ab und zu das Recht auf das Gefühl, alle Sorgen und Probleme hinter sich lassen zu können. Denn wenn man alles hinter sich lassen darf, verändert sich die Perspektive" (vgl. Susannah Broughton, in: „Rythm is it" 2004).

Trotz dem prozesshaften, niemals endgültigen Identitätsentwurf der heutigen Zeit ist es notwendig, eine gewisse Kohärenz und Kontinuität bei gleichzeitiger Erhaltung über das Bewusstsein von Widersprüchen und Kontingenz in den Entwicklungsvorgang zu integrieren. So kann beispielsweise die geregelte Teilnahme an Arbeit und Leben von *Taller de Vida* und eine regelmäßige ästhetisch-praktische Betätigung in Projekten und Workshops zu einem dauerhaften Sinn-Aufbau und zur Stärkung des Identitätsbewusstseins führen.

Wichtige Gegebenheiten wie Sicherheit, Geborgenheit, Vertrauen und die Auffassung, durch Selbsttätigkeit etwas bewegen zu können, werden geboten und regeneriert.

Die sinnlich-ästhetische Tätigkeit in verschiedenen Projekten hat vor allem positiven Einfluss auf Psyche und Seele der Teilnehmer. Sie bekommen das Gefühl das eigene Leben wieder steuern zu können und vor allem die Chance, sich im öffentlichen Raum äußern zu können und sich dadurch als kreative, optimistische Menschen darzustellen(vgl. UNESCO 2005, S.2).

Die kolumbianische Regierung sieht Jugendliche zunehmend als Gefahr, da sie den gegnerischen militanten Gruppen zur Verfügung stehen. Anstatt in der Jugend Kolumbiens das Potenzial für die Zukunft zu sehen, werden sie wegen ihrer Art zu sein oder sich zu verhalten bedroht und diskriminiert. Viele fallen aufgrund ihres widerständischen Benehmens der „sozialen Säube-

rung“[32] zum Opfer, die letztlich ein rücksichtsloses Massaker an den Jugendlichen bedeutet. So ist das Selbstbild vieler Jugendlicher von der äußeren Darstellung geprägt.
Das Recht als Subjekt frei zu existieren und zu agieren wird plötzlich zum Privileg für nur wenige. Um davor zu schützen und eine Stütze zum Wiederfinden der eigenen Identität, Wertschätzung und der Freude am Leben zu bieten, wirbt *Taller de Vida* in Schulen und auf der Straße mit kreativen Kennenlernaktionen. Zudem wird jungen Frauen, die ihre Partner verloren haben, die Chance zum Berufseinstieg geboten, indem sie an Workshops in Kunsthandwerk und Handarbeiten teilnehmen können.
Da das Projekt in Kolumbien inzwischen landesweit sehr erfolgreich arbeitet und viel Zustimmung findet, haben sie mit *Terre des Hommes* einen langfristigen Förderpartner gefunden und für die Nachhaltigkeit verschiedene Förderpreise erhalten. *Taller de Vida* arbeitet seit 2003 mit der *KinderKulturKarawane* zusammen und wird bereits zum wiederholten Mal mit Begeisterung eingeladen und empfangen

5.2 Methoden qualitativer Forschung in der Kunst- und Kulturvermittlung

5.2.1 Teilnehmende Beobachtung

Die *teilnehmende Beobachtung* als Forschungsmethode wird vornehmlich in der Kulturanthropologie und Ethnologie angewandt. Besonders in der Erforschung anderer Kulturen ist das Verfahren gebräuchlich (vgl. Girtler 1992, S.51) und somit von zentraler Bedeutung für die Interkulturelle Projektarbeit.

Dem Begriff ging die „participant observation“ voraus, angewandt von Soziologen, die sich mit der „Subkultur-Forschung“ beschäftigten (vgl. Lamnek 1989, S.233). Kritiker bezeichnen die Methode als „nichtwissenschaftlich“ (vgl. Girtler 1992, S.50), da die empirischen Grundlagen unzureichend seien.

---

[32] vgl. hierzu Rap-Text: „Dem Krieg widerstehen“, in: Programmheft v. Taller de Vida 2007: „[...] ich fragte mich, warum soll ich rennen/ weil die „Reinigung“ dich überraschen kann/ denn die glauben man sei Unkraut/ [...]“

“Teilnehmende Beobachtung ist eine Feldstrategie, die gleichzeitig Dokumentenanalyse, Interviews mit Interviewpartnern und Informanten, direkte Teilnahme und Beobachtung sowie Introspektion kombiniert“ (Flick 2007, S.287 zit. n. Denzin 1989). Die teilnehmende Beobachtung beinhaltet demnach die persönliche Teilnahme des Forschers an Interaktionen mit der zu erforschenden Gruppe oder Person, wobei dieser auch Einfluss auf den Forschungsprozess nehmen kann. Die Teilnahme ereignet sich im „natürlichen Lebensumfeld der Beobachteten“ (vgl. Lamnek, 1989 S.237) und kann sich hierbei *aktiv* und *passiv*, sowie *offen* und *verdeckt* darstellen. Der Definition zu Folge ist die teilnehmende Beobachtung besonders gut für kulturpädagogische Arbeitsfelder geeignet, da sie ein tiefgründiges, flexibles, im Prozess offenes (ebd. 2007, S.289 zit.n. Jorgensen) Forschen erlaubt und die Verknüpfung von verschiedenen Methoden beinhaltet. Durch die unmittelbare Erfahrung während der Beobachtung und der interaktiven Kommunikation in direktem Kontakt mit den Teilnehmern, werden Aspekte des Handelns und des Denkens offenbart, die beispielsweise in einem Fragebogen oder einem einzigen Gespräch nicht zugänglich wären. Besonders im Erforschen der Persönlichkeitsentwicklung und sinnlichen Prozessen kann diese Methode sensiblen Strukturen genügen. Wichtig ist hierbei, eine Balance zwischen reflektierter Distanz und dem „going-native“ – der Übernahme von Sichtweisen der Beobachteten - zu finden, um so eine geeignete Innenperspektive zu erlangen (vgl. ebd. S.291f.).

5.2.2 Interviews

Das *Interview* gemäß seiner französischen Herkunft *entrevue* bedeutet „verabredete Zusammenkunft“. Der Begriff findet vor allem Verwendung im angloamerikanischen Raum und ist seit dem 20. Jahrhundert auch im deutschen Sprachgebrauch verbreitet.

Das Interview, als bewusst hergestellte Gesprächssituation bietet die Möglichkeit gezielt Fragen zu stellen, sowie spontan und flexibel auf den Adressaten und dessen Antworten einzugehen.

Die Intention sieht den Befragten entweder als Träger bestimmter Informationen oder aber als Ziel einer Erkenntnis- oder Bewusstseinsveränderung.
Der Vorteil eines Interviews ist die alltagsähnliche Gesprächsituation. Fragen und Antworten bedingen sich gegenseitig und beide Gesprächspartner können Einfluss auf den Konversationsverlauf nehmen.
Im Gegensatz zu einem *standardisierten Interview*, bei dem der Fragenkatalog und somit die Gesprächsstruktur bereits im Vorhinein festgelegt wurde, bietet das *halbstandardisierte* etwas und das *unstrukturierte Interview* reichlich Flexibilität und Offenheit.
Als die am häufigsten gebrauchte Methode in der empirischen Sozialforschung, ist das Interview ebenso beliebt als Instrument der qualitativen Forschung in der Kulturarbeit. Dies begründet sich vor allem darin, dass in der Kulturarbeit großen Wert auf Darstellung und Inbetrachtziehung der verschiedenen Meinungen gelegt wird und quantitative Motivbereiche selten im Vordergrund stehen. In der Kulturarbeit spielen der Adressat und sein subjektives Empfinden eine wichtige Rolle. Das wird bereits von Herbert Blumer (vgl. Blumer 1938) mit dem „Symbolischen Interaktionismus" beschrieben, nach dem das Subjekt und seine jeweiligen Erfahrungen, der Kontext, und seine Bedeutungsmuster im Mittelpunkt stehen und diese über die „Orientierung stiftenden Symbole" (vgl. Borelli 1986, S.129) kommuniziert werden.
Das Interview in der Kulturarbeit liefert also, im Gegensatz zu Fragebogenerhebungen, Informationen aus erster Hand und eine ausführliche Darstellung des Befragten als eingehenden, authentischen Einblick in das Forschungsgebiet. Bereits im Vorfeld beschäftigt sich der Interviewer mit Umfeld und Themengebiet des Interviewpartners. Somit ist diese Forschungsmethode, im Gegensatz zu dem häufig problematischen Vorgehen der Operationalisierung bei quantitativen Methoden, sehr nah an der „empirischen sozialen Wirklichkeit" (Girtler 1992, S.149) angesiedelt. So kann beispielsweise das *narrative Interview* auch einem pluralistischen Identitätsbegriff gerecht werden, indem dem Interviewpartner Freiheit in seinen Erzählungen gelassen wird.
Es ist wichtig, dass der Interviewer keineswegs nur die Position des Zuhörers einnimmt, sondern Interesse zeigt und sich zuweilen aktiv äußert, um das Gespräch anzuregen oder ein wenig zu lenken. Dabei können persönliche

Bemerkungen oder auch Suggestivfragen gelegentlich von Vorteil sein. Deren Einsatz verlangt jedoch die Feinfühligkeit des Interviewers.
Ein enger Kontakt zu dem Interviewten bietet häufig besonderen Zugang zu dem Forschungsbereich. Kommunikationsfähigkeit, Einfühlungsvermögen und ein freundschaftlicher, respektvoller Umgang sind von Vorteil. Auch der Ort des Interviews hat Einfluss den Gesprächsverlauf und das Wohlgefühl der Beteiligten.
Die Beschäftigung und die Modifizierung des Untersuchungsplans durch Entdecken neuer Tatsachen, sowie die analytische Auseinandersetzung während der Auswertung der Fragen bilden einen fortschreitenden Analyseprozess, der die Intensität und Qualität dieser Forschungsmethode ausmacht (vgl. ebd. 1992, S.144 u.147f.) Die Offenheit der Fragestellungen lassen dem Interviewten große Spielräume bei der Beantwortung und der Druck durch Zeitvorgaben oder vorformulierte Fragen ist geringer. Allerdings nimmt ein Interview viel Zeit und Aufwand in Anspruch. Auch die Reflexivität, sowie Hingabe und kommunikative Kompetenz des Forschers wird vorausgesetzt.

5.3 Forschungsergebnisse

5.3.1 Bericht einer teilnehmenden Beobachtung

Im Folgenden soll der Bericht einer unstrukturierten teilnehmenden Beobachtung während der Tourbegleitung von *Taller de Vida* die Bedeutung der Methodik und Handlungsweisen des Projekts - insbesondere der Theaterpädagogik, als Handlungsmöglichkeit ästhetischer Bildung - beleuchten, sowie die Nachhaltigkeit und Potenziale für die Persönlichkeitsentwicklung überprüfen.

Als Tourbegleiterin hatte ich tiefe Einblicke in, sowie Teilhabe an dem Lebens- und Arbeitsalltag der Gruppe.

Durch die intensive Zusammenarbeit und persönliche Nähe war ich Mitglied der Gruppe, hatte als Betreuerin dennoch die nötige Distanz, um einer Reflektion bezüglich meines Forschungsthemas Raum zu geben. Auch wenn ich während der Vorbereitung der Theatergruppe von *Taller de Vida* nicht anwesend war, war doch die Intensität und Wirkungsstärke der vorhergegangenen

Auseinandersetzung der Teilnehmer mit der eigenen Wirklichkeit spürbar. Das selbstbewusste und willensstarke Auftreten der Jugendlichen war beeindruckend, wenn man die vorangegangenen traumatischen Erfahrungen bedenkt. Nach und nach erzählten die Teilnehmer ihre Geschichten, die vom Mord an Verwandten und engstehenden Freunden, Zwangsrekrutierung, Vergewaltigung und psychotischen Erlebnissen während des Aufenthalts in einer „Resozialisierungseinrichtung" handelten. Die umfassende Informiertheit der jungen Menschen über politische und gesellschaftliche Ereignisse in Kolumbien war erstaunlich, auch wie sehr sie Position zu beziehen wussten und wie selbstsicher sie ihre Lebenspläne wieder aufgenommen hatten. Ihre künstlerische Produktion *Corazon de Cebolla*, das „Herz der Zwiebel", zeigte die Begabung zur professionell künstlerischen Darbietung von Gesang, Theater, Tanz, Rap und Perkussion.

All diese - ihnen innewohnenden - Fähigkeiten und Bedürfnisse haben die Jugendlichen in dem Projekt *Taller de Vida* entdeckt und dort in intensiven kreativen Auseinandersetzungen und Projektprozessen vertieft. Ein jeder Teilnehmer hat die Chance seiner eigenen Geschichte schöpferischen Ausdruck zu verleihen und es dem Rezipienten auf berührende Art und Weise nahe zu bringen. So erzählt jede Szene des modernen Tanztheaterstückes *Corazon de Cebolla* eine Geschichte aus dem Leben der Teilnehmer, die auch als Botschaft für die vielen anderen Leidensgenossen in Kolumbien fungiert. Das Märchen „Das Herz der Zwiebel", das in vielen vorangegangenen Projekten Inspiration bot, wurde zur zentralen Idee für das Stück. Es geht darum, dass jeder Teilnehmer ein wertvolles, heiteres und strahlendes Herz birgt, sich jedoch aufgrund der tragischen und grausamen Erlebnisse mit der Zeit, wie eine Zwiebel (vgl. Hesse, 1971 s.o.), immer mehr Schutzschichten zugelegt hat.

Diese Schichten aus Wut, Trauer, Angst und Hoffnungslosigkeit gilt es wieder zu entfernen, damit das Herz erneut strahlen und lachen kann.

Den einzig wahren Ausdruck für ein Gefühl gibt der Körper, „[...] das gesprochene Wort kommt nur noch ergänzend hinzu" (vgl. Feller 1998, S.134).

Da es sich um Tanztheater handelte, gab es nur selten Textpassagen. Aber auch wenn auf Spanisch gesprochen oder gesungen wurde, das Verstehen der Worte ist nie vordergründig gewesen, denn die Bewegungen, Mimik, Gestik und Ausdruck der Darsteller waren unsagbar aussagekräftig und berührend. In eigens entwickelten Rap-Songs konnten die Jugendlichen ihre Wut und ihren Protest ausdrücken, indem sie laut ihre Emotionen und Forderungen vortrugen. Bei dem intensiven, emotionalen Einklagen ihrer Rechte werden gehaltvolle Botschaften des Widerstandes übermittelt, da die jungen Menschen mit viel Zukunftspotenzial sich weigern in einer Gesellschaft voller Unrecht und Schrecken alt zu werden.

Das Durchspielen von vorangegangenen Lebenssituationen während theaterpädagogischer Übungen erweitert die Wirklichkeitserfahrung der Teilnehmer und trägt zur Befähigung des Erfassens für gesellschaftliche Realität bei. In spielerischen Interaktionen hat jeder die Möglichkeit einen sinnlichen Zugang zu seinen Erfahrungen zu erschließen und kann selbst entscheiden wie weit er gehen möchte. Das Experimentieren mit verschiedenen Rollen, Stillstand, Gegenwartsidentität und Mimesis, bietet Vielseitigkeit bei der Herangehensweise an problembehaftete Gesellschaftszustände.[33]

In diesem Kontext ist Theater als Ausdrucksmittel, Wahrnehmungsschulung und Vermittlungsbote, aber auch als Medium der Aufklärung zu begreifen. Im Anschluss eines Theaterstücks, das bewegende und tiefgreifende Wirkungen hervorruft, wird häufig noch tagelang über selbiges sinniert und diskutiert.

Ein Gespräch oder eine Diskussion direkt nach einer Aufführung bietet Potenzial für die Vertiefung des vermittelten Inhalts und konnte eine Intensivierung der Emotionen hervorrufen. Somit bleiben die Ereignisse als eigens erlebte Erfahrung noch lange im Gedächtnis und werden weitergetragen.

Das Theater als Ort des kulturellen Lernens unterscheidet sich vom traditionellen Bildungstheater dadurch, dass dieses seine Aufgabe in der Vermittlung der „in den Klassikern formulierten sittlichen Werte und entsprechender Verhaltensweisen“ hatte (Hoffmann 1979, S.45). Theater als Lernort begreift den Zuschauer als emanzipiertes, kritisierendes, hinterfragendes, reflektierendes

---

33 vgl. Fotos (Abb. 1-5) im Anhang dieser Arbeit: Die Szenen zeigen die Jugendlichen der Tanz-Theatergruppe wie sie Erlebtes nach vorangegangener Reflexion szenisch umgesetzt haben und ihre Lebenswirklichkeit so vermitteln möchten.

und weiterdenkendes Wesen, dass seine eigenen Interpretationen und Schlussfolgerungen aus dem „erlebten" Stück zieht. „Befreiende Erziehungsarbeit besteht in Aktionen der Erkenntnis, nicht in der Übermittlung von Informationen" (Freire 1973, S.84).

In diesem Sinne könnte man (Inter-)kulturelle Projektarbeit im pädagogischen Kontext als „befreiende Erziehungsarbeit" bezeichnen. Eine Aufführung wie beispielsweise *Corazon de Cebolla* von *Taller de Vida* kann einen derartigen Lern- und Reflexionsprozess einleiten und anregen. In der Schule bot die Aufführung der kolumbianischen Gäste Diskussionsstoff und Anknüpfung an aktuelle Unterrichtsthemen.

Mehrfach sind Freundschaften zwischen den Teilnehmern unterschiedlicher Herkunft zustande gekommen und künstlerischer Austausch fand auch privat statt. „Durch das gemeinsame kreativ werden kommen junge Leute unterschiedlicher Herkunft in Kommunikation und Interaktion" (Classen 2008, S.7).[34] So wurden beispielsweise auch mehrsprachige Rap-Songs miteinander produziert und diese als Andenken und zum fortentwickeln vervielfältigt.

Auch wird der zunehmende Einblick in die jeweils andere Kultur deutlich, bis hin zur Übernahme von Bedeutungsmustern. Unterschiede wurden meist mit Interesse und Respekt wahrgenommen, folglich akzeptiert. Verwunderte und erstaunte Gesichter über die nicht erfüllten, vorurteilbehafteten Bilder und Stereotypen waren häufig zu vernehmen. Zumeist wurden Fremdbilder zu positiven Vorbildern, oder aber einfach zu Gleichgesinnten, mit denen man sich identifizieren kann.

In der Ferne erfahren die Jugendlichen auch, was es bedeutet eine nationale Identität zu haben und stolz auf diese zu sein. Mauricio Pereyra, Teilnehmer der *KinderKulturKarawane* 2003 mit *Teatro Trono* aus Bolivien sagt: „Ich respektiere meine eigene Kultur und ihre Traditionen jetzt viel mehr. Es gibt „draußen in der Welt" viel zu lernen – aber es gibt auch viel zu lehren [...] Ich bin mir heute sicher, dass gerade wir Künstler Sprecher sein können, derer die im Stillen arbeiten. Und so öffne ich jeden Tag meine Augen und sehe, ein neuer Tag zum leben, zum lernen [...]" (vgl. Bildungsarbeit Konkret

34 vgl. B. Rink; A. Altenähr 2008, „Interkulturelle Kompetenz durch internationale Kinderbegegnung" S.20f.

2004, S.34). Plötzlich werden Gegebenheiten und Strukturen aus dem Heimatland vermisst, wodurch sich deren Wertschätzung vergrößert.
Auf der Tour durch die verschiedenen Regionen Deutschlands wird deutlich, wie viele kulturelle Facetten es auch hierzulande gibt, was den Jugendlichen aus Kolumbien besonders auffiel.
Selbstbewusst von der erkenntnisreichen Reise wieder zu Hause angelangt, wird lange erzählt und mit den neu gewonnenen Einsichten weitergearbeitet. Somit profitieren auch die daheimgebliebenen Freunde, Eltern und Geschwister von der spannenden Reise voller Begegnungen. Die Teilnehmer haben ihren Auftrag als Botschafter ihrer Lebenswelt erfüllt und eine Menge Lernerfahrung und Inspiration für den weiteren Lebensweg erhalten.

> „Die Projekte bekommen im eigenen Land einen guten Ruf und erfahren Anerkennung, weil sie teilweise schon öfters in Europa waren und man mitbekommt, dass sie dort fantastische Arbeit geleistet haben und die Menschen begeistert sind. Dieser Prozess wirkt im Endeffekt auf jeden einzelnen Teilnehmer, das persönliche Selbstwertgefühl steigt enorm"(Classen 2008, S. 9).

5.3.2 Die Interviews

In beiden Fällen habe ich, ermöglicht durch das Vertrauensverhältnis zu beiden Personen, das „weiche Interview" (Lamnek, 1989 S.57) als Kommunikationsstil gewählt. Leitfragen boten einen roten Faden und eine formgebende Struktur für das jeweilige Interview.

Die qualitative Forschungsmethode eines halb- standardisierten, fokussierten oder auch Experten-Interviews schafft den Raum, durch spezifisch formulierte Fragen dem Forschungsanliegen, dem individuellen Interviewpartner, seinen Ansichten und Ideen als Experte in einem Bereich oder als Stellvertreter für eine Gruppe gerecht werden zu können.

5.3.2.1 Das Experten-Interview

Zur Unterstützung meiner Thesen und zur Erweiterung der Perspektive habe ich das ermittelnde Experten-Interview als Form des Leitfaden Interviews gewählt.

Dabei wurde Ralf Classen als Initiator der *KinderKulturKarawane* und somit „Experte für ein bestimmtes Handlungsfeld“ (Flick 2007, S.214) mündlich in narrativer Form und „face-to-face“ (Lamnek, 1989 S.37) interviewt.
Hierbei ist das Expertenwissen besonders im Bereich der Interkulturellen und kulturpädagogischen Arbeit anzusiedeln und weist somit hohe Relevanz für die vorliegende Arbeit auf. Die Tonaufnahme wurde im Anschluss transkribiert und mit Einverständnis des Interviewten im Anhang dieser Arbeit veröffentlicht. Im Falle des Einzelinterviews sind die offen gehaltenen Leitfragen für die Themeneingrenzung behilflich. Kritisiert wird, dass extrem fokussierte Leitfragen das Interview beeinflussen und den Experten so in der Freiheit seiner Aussagen einengen können (vgl. Girtler 1992, S. 154). Die Fragen wurden vom Allgemeinen zum Genaueren formuliert und die Struktur war so konzipiert, dass der Befragte flexibel antworten und bei Bedarf etwas hinzufügen konnte.
In der Transkription wurden Anmerkungen zu Redepausen eingefügt, die jedoch keinen Einfluss auf die Aussagen des Interviews haben.

5.3.2.2 Das fokussierte (Experten-) Interview

Ein schriftliches, fokussiertes Interview bietet zusätzlich Einblicke in die persönlichen Erfahrungen mit Entwicklungspotenzialen und Handlungsmöglichkeiten in der (Inter-)kulturellen Projektarbeit.

„Ziel des Interviews ist es, die subjektiven Erfahrungen der befragten Personen in der [...] erlebten und vom Forscher aufgrund der Beobachtung analysierten Situation zu erfassen“ (ebd. 1989, S.79). Yesenia Moreno als *Experte ihrer selbst* (vgl. Flick 2007, S. 215), also ihrer Biographie und als Betroffene und Beteiligte an dem Projekt *Taller de Vida*, sowie als Teilnehmerin an der *KinderKulturKarawane*, trägt zur Erweiterung der Aussagen dieser Arbeit bei. Auch dieses Interview wird in spanischer Sprache im Anhang integriert.

5.4 Auswertung von 5.3.1 und 5.3.2

5.4.1 Auswertung der teilnehmenden Beobachtung

Die teilnehmende Beobachtung während der dreiwöchigen Tourbegleitung von *Taller de Vida* durch verschiedene Gebiete Deutschlands hat die Nachhaltigkeit und Wirkungsstärke sowohl der soziokulturellen Arbeit des Projekts in Kolumbien, als auch die der Interkulturellen Begegnungen während der *KinderKulturKarawane* bestätigt.
Der Tour ging bereits eine gelungene Identitätsarbeit in Bogotá, durch kreative Auseinandersetzungen mit den Lebenserfahrungen voraus. Die Jugendlichen haben durch die gestärkte Selbstwirksamkeit das Gefühl der Handlungsfähigkeit gewonnen. Die Theaterarbeit bedeutet einen wichtigen Schritt auf dem Weg zur Selbstbestimmung. Das dialogische und interaktionistische Prinzip impliziert Reflexion und die Ausbildung von empathischen Fähigkeiten. Das Beobachten und Zuhören von anderen Gruppenteilnehmern die Ähnliches erfahren haben, stärkt die Mitspieler. So entsteht Verantwortungsgefühl, eine Gruppenzugehörigkeit und die eigene Situation wird vergegenwärtigt.
Das Bewusstsein neigt aus Selbstschutzgründen zum raschen Verdrängen der tiefgreifenden Erlebnisse, wobei die psychische Erschütterung latent bestehen bleibt. Gerade dieser Zustand kann Depressionen und psychische Störungen verursachen, die sich häufig in Alpträumen, krankhaften Angstzuständen, Lebensmüdigkeit bis hin zu schizophrenen Erscheinungen äußern.

Das Hervorholen und wiederholte Erleben von Traumata in einem geschützten Umfeld hat eine bedeutsame Wirkung auf den Heilungsprozess. Um diesen Prozess einzuleiten und zu begleiten, sind theaterpädagogische Handlungen und das gemeinsame Finden und Erfinden von Lösungswegen in szenischen Auseinandersetzungen eine besonders geeignete Methode.
Das Durchspielen von Selbst- und Fremdwahrnehmungs-Positionen ermöglicht einen neuen Zugang zur personalen Identität. Somit werden die Jugendlichen zum Reflektieren angeregt, wobei das Erlernte rational begriffen werden kann.
Auch in Deutschland wird der Vorteil Interkultureller projektbezogener Arbeit

mit kreativen Ansätzen deutlich, da der Prozess auch beim Umgang mit Widerständen auf die Bedürfnisse der Teilnehmer hin modifiziert werden kann. Mögliche Konfliktfelder, hervorgerufen durch vorurteilbehaftetes und rassistisches Benehmen (vgl. Classen 2008, S.5) können in Anleitung von erfahrenen Kulturpädagogen direkt im Projektprozess aufgegriffen werden und beispielsweise in theaterpädagogische Übungen eingebettet werden. Das Bild, das hiesige Personen zuvor von einem Kolumbianer oder von Kolumbien hatten, wurde facettenreicher und wahrheitsgemäßer.

Bei der Begegnung in der Fremde spielen die künstlerischen Medien eine wichtige Rolle. Als „Sprachrohr“ bieten sie den Vorteil zur Möglichkeit der Kommunikation auf nonverbaler Ebene, ohne das innere Befinden, das einem selbst oft nicht klar erscheint, verbalisieren zu müssen. Es ist wichtig die Teilnehmer an die kreativ-schöpferische Arbeit heranzuführen, ihnen die Möglichkeit zu bieten sich selbst auszuprobieren, zu reflektieren und zu lernen, um sich weiter zu entwickeln und neuen Lebensmut zu schöpfen.

Yesenia Moreno betont im Interview die Kraft der Kunst als Medium der Heilung, sowie als „Kanalisierung“, um die tief sitzenden Erlebnisse der Jugendlichen greifbar und realisierbar zu machen (vgl. Moreno 2008, o.S.). Raum zur künstlerischen Selbstdarstellung und zum Ausdruck von Einstellungen und Gefühlsregungen gibt das Gefühl der Teilnahme am gesellschaftlichen, und im Falle von *Taller de Vida* sogar politischen Leben.[35] Die gemeinsamen Projektarbeiten mit Jugendlichen in Deutschland bedeuten einen wichtigen Interkulturellen Begegnungsort. Das Zusammentreffen der Jugend ermöglicht den Austausch von Lebenswelten, die trotz kultureller und personaler Identitätsunterschiede stets Anknüpfungspunkte und Gemeinsamkeiten bieten.

Die Interkulturelle Begegnung dabei und die Auseinandersetzung mit der eigenen und der differenten Kulturvorstellung in Workshops und Projektarbeiten zeigt die verschiedenen Lebenswelten und schafft Raum für Kommunikation.

---

35 vgl. hierzu Rap- Text: „Dem Krieg widerstehen“ in: Programmheft v. Taller de Vida 2007: „[...] Die Jugendlichen von Cazucá werden nicht mehr töten/ denn sie lernten sich zu wehren, mit Kunst und auf andere Arten/denn wir sind [...] die soziale Schicht „Talent“ [...]“

Mit problembehafteten Konfrontationen während des Aufenthalts in einem anderen Land ist zu rechnen. So nennt Ralf Classen beispielsweise einen „Konsumrausch", den die Teilnehmer erfahren (vgl. ebd. 2008, S.5).
„Ein Identitätsgefühl kann eine Quelle nicht nur von Stolz und Freude, sondern auch von Kraft und Selbstvertrauen sein" (Sen 2007, S.17).
Die kolumbianischen Jugendlichen erleben ihre eigene Kultur mit Distanz und aus dem Blickwinkel anderer.

> „Dafür ist es [...] wichtig in die große weite Welt zu kommen, weil dann die Erfahrungen zu Hause mit Distanz betrachtet werden können und sich potenzieren. Sie lernen andere Lebenskonzepte aus anderen Kulturen kennen, wodurch die eigene kulturelle Basis hinterfragt wird: Wer bin ich? Was kann ich? Wohin will ich?" (Classen 2008, S.9).

Darin liegt großes Potenzial für die reflektierte Entwicklung eines zunehmend positiven Selbstbildes, das sich nun zumindest partiell identifizieren und als Subjekt verorten kann.
Auch in Deutschland sehen sie sich aufs Neue mit der Diversität von Kulturen konfrontiert, wodurch sich das Gefühl des Fremdseins verringert. Denn in einer so vielfältig geprägten Gesellschaft sind alle einander fremd und bekannt zugleich, je nachdem wie und wo man hinschaut.
Für beide Seiten bedeuten diese Begegnungen eine wichtige Erkenntnis und Horizonterweiterung. Interkulturelle Kompetenz wird gefördert und stellt sich als eine positive Lernerfahrung dar.

Die Informationen aus erster Hand und aus persönlichem Blickwinkel bieten prägende Einsichten, wodurch die Art zu Denken und zu Handeln beeinflusst wird. Besonders das distanzierte Betrachten der eigenen kulturellen Identität, das gemeinsame Handeln und das kreative Schaffen bewirken eine enorme Stärkung des Selbstbewusstseins und die Ausformung des Selbstbildes und tragen somit erheblich zur Persönlichkeitsentwicklung bei.

5.4.2 Auswertung der Interviews

Beide Interviews weisen eine hohe Kongruenz und Korrelation bezüglich meiner Auffassungen zu den Hauptaspekten dieser Arbeit auf.
Als aktuelle Praxisbeispiele bilden die vorgestellten Projekte eine ernstzu-

nehmende Widerspiegelung der Realität in der Interkulturellen Projektarbeit. Beide Projekte beinhalten vielseitige Dimensionen Interkultureller Begegnungen und betonen indem den hohen Wirkungsgehalt, die der künstlerische Ausdruck für die Persönlichkeitsentwicklung hat.

> Ralf Classen beschreibt die Projektmethode als „[...] eine sehr offene Form der Zusammenarbeit, in der sich junge Menschen ernst genommen fühlen, da sie selbst die Protagonisten sind und Möglichkeit zur Selbstgestaltung haben. Es gibt eine Gleichberechtigung zwischen der eingeladenen Gruppe und den Schülern, wobei die Lehrer oder Gruppenleiter meistens als Beobachter oder Ansprechpartner eher außen vor stehen. Daher wird die Arbeit eine Produktion von den Jugendlichen alleine, bei der man sich gegenseitig akzeptiert" (Classen 2008, S.7).

Hier wird von der Fähigkeit der Jugendlichen zur Selbsttätigkeit und Gestaltung der Lebensumstände ausgegangen, die in der Projektmethode in einem demokratischen Prozess integriert und ausgelebt werden kann (vgl. Kapitel 2 dieser Arbeit). Interkulturelle Projektarbeit bedeutet für Classen die „Verknüpfung von kreativer Produktion, Selbstausdruck und künstlerischem Austausch in Interkulturellen Begegnungen als gleichgeartete Projekte [...]" (ebd. 2008, S.6) Diese bieten enormes Potenzial für die Ausbildung Interkultureller Kompetenzen, denn es werden "[...] fremde Lebensentwürfe vorgestellt und wahrgenommen, sowie kulturelle Horizonte erweitert und häufig Vorurteile abgebaut" (ebd. 2008, S.9). Yesenia Moreno bestätigt, dass die Jugendlichen aus Kolumbien durch ihre Auftritte und das Vermitteln ihrer eigenen Lebenshintergründe gestärkt werden und das Gefühl haben, sie werden erhört. Sie haben die Möglichkeit auf der anderen Seite der Welt Menschen zu sensibilisieren für das, was in ihrem Land vor sich geht und welche Bedeutung die Geschehnisse für die Bevölkerung haben. Die *KinderKulturKarawane* vertritt einen ganzheitlichen Lernansatz und ist überzeugt von gegenseitigen und wechselseitigen Lernerfahrungen. Ein Ziel ist es, „Begegnungen [...] zu schaffen, bei denen einmal erfahren wird, was die anderen künstlerisch mitteilen wollen, aber auch wo alle gemeinsam kreativ sein können" (Classen 2008, S.6). Ästhetische Bildung hat sowohl bei der *KinderKulturKarawane*, als auch bei *Taller de Vida* eine zentrale Bedeutung. Classen spricht den hohen Stellenwert von ästhetischer Arbeit und kreativen praxisnahen Ansätzen für Interkulturelle Begegnungen an (vgl. ebd. 2008 S.6f.). Yesenia Moreno betont die fundamentale Bedeutung der Arbeit mit künstlerischen Medien für die psychosoziale Auseinandersetzung mit Erlebtem und die persönliche Weiterentwicklung (vgl. Moreno 2008, o.S.). Kulturelle Ausdrucksformen bieten eine Alternative zur Gewalt und eine sinnvolle Fortsetzung des individuellen Lebensweges. Es „[...] werden kreative Ansätze verstärkt und die Wertigkeit von Kreativität für das eigene Leben höher eingeschätzt" (Classen 2008, S.8). Manche Teilnehmer werden sogar in der Wahl einer künstlerischen Profession bestärkt. Yesenia selbst hat nach der Entdeckung ihres Talentes bei der Arbeit mit *Taller de Vida* ein Tanz-Studium in Bogotá erfolgreich abgeschlossen und in Deutschland die Aufnahmeprüfung an der Folkwang-Hochschule in Essen bestanden.

Hier werden Entwicklungspotenziale für die Identitätsbildung des Einzelnen hervorgehoben, die durch das Bereitstellen der künstlerischen Medien entfaltet werden können.

Als weitere Entwicklungspotenziale nennt Classen außerdem das Erlernen von grundsätzlichen Fähigkeiten: „[...] Verantwortung für sich selbst und die Gruppe übernehmen, Sozialmanagement untereinander, Konfliktlösung, zielgerichtete Organisation, Verlässlichkeit, Pünktlichkeit" (ebd. 2008, S.8).

Zudem habe die enge Zusammenarbeit vor, während und nach einer Tour mit der *KinderKulturKarawane* positive Auswirkungen auf die Gruppenidentität.

Es „[...] steigt das Verantwortungsgefühl für das Gemeinsame und innerhalb der Gesamtgesellschaft.

Man wird sich auch der Identität des Anderen bewusster und lernt sich selbst in neuen Situationen kennen" (ebd. 2008, S.9). Hier wird ein weiterer Aspekt des Interkulturellen Lernens genannt: der Bewusstwerdungsprozess durch Selbst- und Fremdwahrnehmung, der neben dem Identitätsfindungsprozess eine Chance zur Perspektivbildung bedeutet.

> „Die Kulturarbeit selbst ist für die Kinder und Jugendlichen ein Bewusstwerdensprozess. Zum einen bekommen sie über die künstlerische Arbeit, auch wenn diese aufgeführt wird, ihre Würde zurück, finden zu ihrer eigenen Identität und bauen ein enormes Selbstbewusstsein auf, wodurch sich neue Perspektiven entwickeln" (Classen 2008, S.8).

Damit bestätigt Classen auch die Aussagen von Moreno, die darauf hinweist, durch *Taller de Vida* ihren Glauben wiedergefunden zu haben, durch eigenes

Handeln ein „besseres Morgen“ zu erreichen und durch die öffentliche Nutzung von kreativen Alternativen zur Gewaltbeherrschung in Kolumbien auch Vorbild für andere Jugendliche zu sein. „Der Kern ist, das Jugendliche sehen, dass man sein Schicksal selbst in die Hand nehmen kann“ (Classen 2008, S.9).

Wie bereits in Kapitel 4 erörtert, können Interkulturelle Projekte einen Impuls- und Vorbildcharakter auch für die Jugendlichen hierzulande übernehmen.

Auf die Frage hin, welche konkreten Entwicklungspotenziale die Arbeit mit *Taller de Vida* für die personale und soziale Identität der Jugendlichen aufweist, antwortet Yesenia Moreno, dass das Recht auf ein würdevolles Leben mit allen ihnen offenstehenden Möglichkeiten wieder bewusst werde. Sie seien selbstsicherer und würden dem bewaffneten Konflikt mit neuem Bewusstsein entgegenstreben. Zudem würden die Jugendlichen durch die ästhetischen Arbeitsweisen ihren Körper besser kennen lernen und somit neue Ausdrucksformen finden, anstatt ihn zur bloßen „Vernichtung“ des Gegners zu gebrauchen. Infolgedessen fällt auch die Akzeptanz von anderen Individuen und dessen Existenzberechtigung leichter (vgl. Moreno 2008, o.S.). Interkulturelle Projektarbeit eignet sich zudem für das Erarbeiten und Aneignen von globalen Vorgängen, da zur kritischen Auseinandersetzung aufgefordert und die Ausbildung von Interkultureller Kompetenz gefördert wird.

> „Themen wie Globalisierung sind perfekt eingebettet und veranschaulicht und bekommen für die Schüler eine lebensrelevante Bedeutung. Es ist auch eine Chance den kreativen Bereich einer Schule herauszustellen und die Wertigkeit beispielsweise einer „Trommelklasse“ zu erhöhen, oder der Anstoß ein solches Projekt einzuführen, um das sinnliche Lernen zu unterstützen“ (Classen 2008, S. 10).

Zurzeit wird geforscht, wie die Projekte nachhaltig gefördert und noch mehr Teilnehmern zugänglich gemacht werden können.

Classen spricht von einer wünschenswerten „Institutionalisierung“[36] der Interkulturellen Kontakthaltung und langfristigen Partnerschaften zwischen verschiedenen Kultur- und Bildungseinrichtungen (vgl. Classen 2008, S.11).

Von Estela Duque Cuesta, Psychologin und Leiterin der Gruppe *Taller de Vida,* weiß ich, dass ein zukünftiges Großprojekt der Bau eines eigenen Thea-

---

36 vgl. hierzu M. Terkessidis, in: „Interkultur“ 2008, S.19f.

ters sein wird, an dem alle Teilnehmer beteiligt sein sollen, um noch mehr Menschen die Möglichkeit zu geben, wieder zu sich selbst und zurück ins Leben zu finden.

6 Zusammenfassung und Ausblick

Die Ausbildung zur Identitätsfindung und von Identitätsbewusstsein fordert einen dynamischen Erziehungs- und Bildungsbegriff, da sich Identität in verschiedenen Lebensabschnitten immer wieder erneuert und ausdifferenziert. Identität als aktive Konstruktionsleistung des Individuums setzt ein hohes Maß an Eigenleistung voraus. Kulturpädagogische Interventionen können den Menschen dabei unterstützen, die eigenen Bedürfnisse zu erkennen, Gegebenheiten kritisch zu betrachten und seine Vorhaben selbst gestalten zu lernen. Aufgrund des zunehmenden Orientierungsverlustes in der Gesellschaft, bei gleichzeitiger Erweiterung der Grenzen über globale Dimensionen hinaus, ist Identitätsarbeit in der Kunst- und Kulturvermittlung ein wichtiger Ansatz. In der kreativ- schöpferischen Auseinandersetzung mit biographischen und heiklen, durch jeweilige Gesellschaftsprozesse bedingte Themen, können wertvolle Erkenntnisse zu einer differenzierteren Selbstwahrnehmung und der Sensibilisierung von Selbstwirksamkeit führen.

Gegenwärtige weltweite Prozesse bilden eine immer neue Herausforderung für bildungs- und kulturpolitische Arbeit und fordern ein größeres Kontingent an Interkulturellen Kompetenzen im Sinne von „global Denken- lokal Handeln“ (vgl. Hofsteede 1997, o.S.). Interkulturelle Ansätze sind unverzichtbar. Daher sollten Interkulturelles Lernen und die Ausbildung zur Interkulturellen Kompetenz eines der hauptsächlichen Bildungsziele sein, bei denen schon im Kindesalter angesetzt wird. In einem kreativen Lernprozess „[...] soll das Verständnis für bestimmte Bereiche dieser Welt geweckt und gefördert sowie die aktive Teilhabe und Auseinandersetzung unterstützt werden“ (Müller-Rolli 1988, S.21). Da kulturelle Unterschiede und Sprache häufig nicht nur Vielfalt und kreative Potenziale bieten, sondern auch Barrieren aufweisen, ist ein sinnlich-ästhetischer Lernvorgang einem sprachlich-rationalen vorzuziehen.

„Kulturarbeit geht von der Annahme und Erfahrung aus, dass Menschen in allen Schichten, Nationen und Altersgruppen kulturelle Aneignungs- und Ausdrucksbedürfnisse entfalten wollen“ (Treptow, in: „Kulturpädagogik und

Kulturarbeit" 1988, S.83). Durch das gemeinsame kreative Schaffen, können Unterschiede als Bereicherung entdeckt, und in anschließender Kommunikation und Reflexion über das Erlebte kann diese Erkenntnis vertieft werden. Dadurch werden das Bewusstsein, dass verschiedene Kulturen prinzipiell gleichwertig sind[37] und die Wahrnehmung von kultureller Vielfalt im öffentlichen Raum nachhaltig gefördert.

„Die Künste haben, [...] dank ihrer relativen Autonomie die Chance, sich komplex und perspektivisch (d.h. auch kritisch) mit der Realität auseinanderzusetzen" (Müller-Rolli 1988, S.71).

Vor allem das sinnliche Erleben berührt einen so, dass es einen nachhaltigen Einfluss auf die Identitätsentwicklung haben könnte. Die vielfältigen kulturell-medialen Anknüpfungsmöglichkeiten von ästhetischer Bildung können dem konstruktiven Charakter von Identität und den verschiedenen Teilidentitäten gerecht werden.

In Formen der Interkulturellen Projektarbeit erfahren die Projektmethode und ästhetische Bildung eine Verknüpfung. Interkulturalität versteht sich hierbei als konstruktive Auseinandersetzung sowohl mit Angehörigen einer anderen Kultur, als auch mit Menschen aus dem nahen Umfeld mit unterschiedlichen Auffassungen, Lebens- und Wertvorstellungen. Voraussetzung für eine gelungene Interaktion, für das Aufbringen von Verständnis und Empathie, aber auch das Aushalten von Spannungen und unüberwindlichen Unterschieden, ist eine vorhergegangene intensive Auseinandersetzung mit sich selbst, sowie seinen Stärken und Schwächen. Die Projektmethode bietet dabei flexible und innovative Gestaltungsmöglichkeiten.

Die Auseinandersetzung mit den vorgestellten Projekten in der vorliegenden Studie hat ein umfassendes Kontingent von Entwicklungspotenzialen der (In-

[37] vgl. hierzu M. Borelli 1986, S.124 „Die letzte ethische Instanz, die allgemein verbindliche Kriterien zur Beurteilung von Kulturleistungen formulieren darf und soll, sind die allgemeinen Konventionen der Menschenrechte, auch wenn sich diesen (noch) nicht alle Staaten dieser Welt angeschlossen haben."
vgl. auch „Allgemeine Erklärung der Menschenrechte", in: Resolution der Generalversammlung der United Nations vom 10.12.1948

ter-) kulturellen Projektarbeit und den nachhaltig-positiven Einfluss der beschriebenen Prozesse auf die Persönlichkeitsförderung aufgezeigt.
Im Falle von *Taller de Vida* bedeutet dies, „[...] daß Kunst für einen Menschen, dessen Existenzbewusstsein beeinträchtigt ist, etwas Entscheidendes leisten kann: Sie kann ihn zu einem neuen Bewusstsein seiner latenten Kräfte und Fähigkeiten führen, sein Selbstvertrauen stärken, Selbstbewusstsein entwickeln“ (Hoffmann 1979, o.S)
Diese Auffassung wurde durch persönliche Erfahrungen ermittelt, durch eine teilnehmende Beobachtung und die Interviews bestätigt und untermalt.
Dass kulturpädagogische Arbeit anspruchsvoll ist und große Anforderungen an die Akteure stellt, wird allein schon durch das Ansetzen beim Individuum als einzigartiges Subjekt mit verschiedenen Einstellungen, Vorstellungen und Erwartungen und an dem dabei entstehenden Konfliktpotenzial deutlich. Ein hohes Maß an Kommunikationskompetenz, Vermittlungsfähigkeit, Flexibilität, Einfühlungsvermögen, eine klare Artikulation, kreative und innovative Fähigkeiten, sowie Kooperationsbereitschaft sind Voraussetzungen beim agieren in der (Inter-)kulturellen Projektarbeit.
Der 1998 in Stockholm entstandene „Aktionsplan Kulturpolitik für Entwicklung“ - in Vertiefung der Weltkonferenz über Kulturpolitik 1982 in Mexico - vertritt die generelle Auffassung, dass die kulturelle Vielfalt dieser Welt als positives Potenzial zu fördern sei. Die Kulturpolitik stelle somit einer der wichtigsten Aufgaben für Regierungen (vgl. Kultur und Entwicklung 1998, S.18f.), allen Menschen das Grundrecht, sich am kulturellen Geschehen zu beteiligen ermöglicht wird und dass die Erhaltung und Entwicklung der Vielfalt durch Interkulturelle Dialoge maßgeblich, also auch finanziell zu fördern sei.[38]

[38] vgl. Kultur und Entwicklung 1998, S.13ff. „Wir müssen daher alle Menschen und Gemeinschaften dazu befähigen, von der eigenen Kreativität Gebrauch zu machen und Wege für das Zusammenleben mit anderen zu ebnen und zu befestigen, um damit eine wahrhaft menschliche Entwicklung und den Übergang zu einer Kultur des Friedens und der Gewaltlosigkeit zu ermöglichen“

Sowohl *Taller de Vida* als auch die *KinderKulturKarawane,* als innovative und nachhaltige Projekte, haben begonnen, die Auffassung des Aktionsplans zu verwirklichen. Im Allgemeinen wird die Kulturpolitik zukünftig dazu gezwungen sein, vermehrt in Interkulturelle Projektarbeit zu investieren.[39] „Was sich [...] abzeichnet ist das immer größer werdende Interesse an längerfristigen Projekten" (Classen 2008, S.11).

Eine Reihe gegenwärtiger Projektinitiativen mit Zielen der präventiven, entwicklungspolitischen, multinationalen Zusammenarbeit und Förderung der „Interkulturellen Öffnung" vergegenwärtigen die Aktualität der Auseinandersetzung mit genannten Themen.[40]

Hier liegt zukünftiges Potenzial für persönliche Entwicklungschancen und die Ausbildung von Interkultureller Kompetenz im Zuge einer verstärkten (Inter-) kulturellen Projektarbeit.

---

39 vgl. Senatskanzlei Berlin Merkblatt 2008 „Projektförderung im Bereich der Interkulturellen Projektarbeit" und Deutscher Kulturrat: „Interkulturelle Bildung- eine Chance für unsere Gesellschaft" 2007, S.3 „Fonds Interkultur"

40 vgl. B. Rink 2008, „Interkulturelle Kompetenz durch internationale Kinderbegegnung"

7 Quellenangaben

Literaturverzeichnis:

- *Adorno, Theodor W.* (2003): Ästhetische Theorie. Suhrkamp Verlag, Frankfurt am Main
- *Amartya, Sen* (2007): Die Identitätsfalle. 2. Ausgabe, C. H. Beck Verlag, München
- *Auernheimer, Georg* (1990): Einführung in die interkulturelle Erziehung. 2.überarbeitete und ergänzte Auflage, Wissenschaftliche Buchgesellschaft, Darmstadt
- *Baecker, Dirk* (2003): Wozu Kultur? 3. Auflage, Kulturverlag Kadmos, Berlin
- *Beck, Ulrich; Beck- Gernsheim, Elisabeth* (1990): Das ganz normale Chaos der Liebe. 1. Auflage, Suhrkamp Verlag, Frankfurt am Main
- *Bernecker, Roland* (1998): Kultur und Entwicklung, Deutsche UNESCO-Kommission, Bonn
- *Borelli, Michele (Hrsg.)* (1986): Interkulturelle Pädagogik. Positionen-Kontroversen-Perspektiven. Pädagogischer Verlag Burgbücherei Schneider, Baltmannsweiler
- *Bürgermann, Sabine; Reinert, Gerd-Bodo* (1984): Einführung in die pädagogische Therapie. Anleitung zur Selbstverwirklichung und Identitätsfindung- ein integratives, erziehungswissenschaftliches Konzept. Schwann Bagel Verlag, Düsseldorf
- *Dewey, John* (1988): Kunst als Erfahrung. 1. Auflage, Suhrkamp Verlag, Frankfurt am Main
- *Eagleton, Terry* (2001): Was ist Kultur? Aus dem Engl. von Holger Fliessbach, C. H. Beck Verlag, München

- *Engelmann, Jan* (1999): Die kleinen Unterschiede. Cultural Studies-Reader, Campus Verlag, Frankfurt am Main
- *Erikson, H. Erik* (1973): Identität und Lebenszyklus. Suhrkamp Verlag, Frankfurt am Main
- *Freire, Paulo* (1973): Pädagogik der Unterdrückten. 3. Auflage, Kreuz Verlag, Stuttgart
- *Fromm, Erich* (2005): Haben oder Sein. Neuauflage/ Nachdruck, DTV Taschenbuch Verlag
- *Fuchs, Max* (1993): Kulturelle Identität. Eine Aufgabe für dir Jugendkulturarbeit. RAT, Remscheidt
- *Fuchs, Max* (1999): Mensch und Kultur. Westdeutscher Verlag, Opladen/ Wiesbaden
- *Geertz, Clifford* (1983): Dichte Beschreibung. Beiträge zum Verstehen kultureller Systeme. Suhrkamp Verlag, Frankfurt am Main
- *Giddens, A.* (1991): Modernity and Self- Identity. Self and Society in the Late Modern Age. Polity Press, Oxford
- *Glaser, Hermann* (1983): Bürgerrecht Kultur. Ullstein Verlag, Frankfurt am Main
- *Greve, Werner* (Hrsg.) (2000): Psychologie des Selbst. BELTZ, Psychologie VerlagsUnion, Weinheim
- *Hall, Edward T.* (1977): Beyond Culture, Anchor Press New York
- *Hall, Stuart* (1994): Rassismus und kulturelle Identität. Argument Verlag, Hamburg
- *Hauskeller, Michael* (1998): Was ist Kunst? Positionen der Ästhetik von Platon bis Danto. C.H. Beck Verlag, München
- *Heissenberger, Margit; Schöler, Walter* (Hrsg.) (1987): Erziehung und Identität. Zur Identitätsfindung im pädagogischen Handlungsfeld. Peter Lang Verlag, Frankfurt/Main, Bern, New York, Paris

- *Hentschel, Ulrike* (1996): Theaterspielen als ästhetische Bildung. Über einen Beitrag produktiven künstlerischen Gestaltens zur Selbstbildung. Deutscher Studien Verlag, Weinheim
- *Hesse, Hermann* (1971): Der Steppenwolf. Suhrkamp Verlag, Frankfurt am Main
- *Hitzler, Ronald* (2001): Leben in Szene. Leske und Budrich, Opladen
- *Hoffmann, Hilmar* (1979): Kultur für alle. Perspektiven und Modelle. Fischer Verlag, Frankfurt am Main
- *Hongler, Hanspeter; Willener Alex* (1998): Die Projektmethode in der soziokulturellen Animation. Fachverlag HFS Zentralschweiz, Luzern
- *Huntington, Samuel P.* (1996): Kampf der Kulturen. Die Neugestaltung der Weltpolitik im 21. Jahrhundert. Europa- Verlag, Wien
- *Flick, Uwe* (2007): Qualitative Sozialforschung. Erw. und neu bearbeitete Auflage. Rowohlt Verlag, Reinbek bei Hamburg
- *Käser, Lothar* (1997): Fremde Kulturen – Eine Einführung in die Ethnologie für Entwicklungshelfer und kirchliche Mitarbeiter in Übersee. Verlag der Evang.- Luth. Mission, Erlangen.
- *Keupp, Heiner u.a* (2002): Identitätskonstruktionen. 2. Auflage, Rowohlt Taschenbuch Verlag, Reinbek bei Hamburg
- *Kiesel, Doron* (1996): Das Dilemma der Differenz. Zur Kritik des Kulturalismus in der interkulturellen Pädagogik. Cooperative Verlag, Frankfurt am Main
- *Köhl, Christine* (2001): Strategien der Interkulturellen Kulturarbeit. IKO Verlag, Frankfurt am Main
- *Kirchner, Constanze; Schiefer Ferrari, Markus; Spinner H., Kaspar (Hrsg.) (2006):* Ästhetische Bildung und Identität. Kopaed Verlag, München
- *Itoh, Mamoru* (2002): Kleine Schule des Verstehens. Vollst. Taschenbuchausgabe. Wilhelm Goldmann Verlag, München

- *Lamnek, Siegfried* (1989): Qualitative Sozialforschung, Band 2, Methoden und Techniken. Psychologie Verlags Union, München
- *Mandel, Birgit* (2005): Kulturvermittlung. Transcript Verlag, Bielefeld
- *Mead, Georg. H.* (1975): Geist, Identität, und Gesellschaft aus der Sicht des Sozialbehaviorismus. Suhrkamp Verlag, Frankfurt am Main
- *Müller-Rolli, Sebastian* (Hrsg.) (1988): Kulturpädagogik und Kulturarbeit. Grundlagen, Praxisfelder, Ausbildung. Juventa Verlag, Weinheim
- *Nicklas, Hans; Müller, Burkhard; Kordes Hagen (Hrsg.)* (2006): Interkulturelle denken und handeln. Theoretische Grundlagen und gesellschaftliche Praxis. Campus Verlag, Frankfurt am Main
- *Otten, Hendrik; Treuheit, Werner (Hrsg.)* (1994): Interkulturelles Lernen in Theorie und Praxis. Leske&Budrich, Opladen
- *Schein, Edgar* (1995): Unternehmenskultur. Ein Handbuch für Führungskräfte, Campus Verlag GmbH
- *Schiller, Friedrich* (2000): Über die Ästhetische Erziehung des Menschen. (Org. 1884 erschienen in: Zeitschrift für deutsches Altertum und deutsche Literatur«, Bd. 28, das.) Reclam Verlag, Stuttgart
- *Schippling, Anne* (2007): Interkulturalität im Denken W. Adornos. Interkulturelle Bibliothek, Traugott Bautz Verlag, Nordhausen
- *Schmid- Noerr, Gunzelin (Hrsg.)* (2005): Kultur und Unkultur. Perspektiven der Kulturkritik und Kulturpädagogik. Band 41. Hochschule Niederrhein.
- *Schneider-Wohlfahrt, U.; Pfänder, B.; Pfänder, P.; Schmidt, B.;* Landesinstitut für Schule und Weiterbildung (Hrsg.), (1990): Fremdheit überwinden. Theorie und Praxis des interkulturellen Lernens in der Erwachsenenbildung. Leske und Budrich, Opladen
- *Schuhmacher- Chilla, Doris* (1995): Ästhetische Sozialisation und Erziehung: zur Kritik an der Reduktion von Sinnlichkeit. Reimar Verlag, Berlin

- *Schweitzer, Friedrich* (1985): Identität und Erziehung. Was kann der Identitätsbegriff für die Pädagogik leisten? Beltz Verlag, Weinheim und Basel
- *Steinbacher, Franz* (1967): Kultur. Begriff- Theorie- Funktion. Verlag W. Kohlhammer, Stuttgart
- *Thun v. Schulz, Friedemann* (2003): Miteinander Reden 3 Bde. Rowohlt Taschenbuch Verlag, Reinbek bei Hamburg
- *Versch. Autoren: Bundeszentrale für politische Bildung* (2000): Interkulturelles Lernen. Arbeitshilfe für politische Bildung, Bonn.
- *Versch. Autoren: Mainzer Universitätsgespräche* (1998): Interkulturalität. Grundprobleme der Kulturbegegnung. Studium Generale, Johannes Gutenberg-Universität Mainz
- *Versch. Autoren: Shell Deutschland Holding GmbH (Hrsg.)* (2006): Shell Jugendstudie 2006 Nr. 15 TNS Infratest Sozialforschung. Fischer Verlag, Frankfurt am Main
- *Weintz, Jürgen* (2008): Theaterpädagogik und Schauspielkunst: Ästhetische und psychosoziale Erfahrung durch Rollenarbeit. Schibri- Verlag (1.-3. Auflage AFRA Verlag), Milow
- *Willis, Paul* (1981): Profane Culture. Syndikat Verlag, Frankfurt am Main
- *Zacharias, Wolfgang* (2001): Kulturpädagogik. Kulturelle Jugendbildung – Eine Einführung. Leske und Budrich, Opladen

<u>Schriftliche Veröffentlichungen und Auszüge:</u>

- *Bardmann, Theodor M.* (1996): Laurie Anderson: "No pilot! Aufzeichnungen zu den Aufzeichnungen von Laurie Anderson", in: Rusch, Gebhard et al. (Hg.), Delfin Verlag
- *Baumann, Zygmunt* (1990): Vom Nutzen der Soziologie. Suhrkamp Verlag, Frankfurt am Main S.56-101

o *Comunidad de Productores de Arte* (1989-2007): Memoria, Propuesta Educativa y Artística. COMPA, La Paz

o *Feller, Kirsten*(1998): Ohne Körper geht gar nichts! aus Koch/ Naumann (Hrsg.): Wechselspiel; Körper Theater Erfahrung. Brandes & Apsel, Frankfurt am Main S.130-135

o *Hall, Stuart (1995):* Kultur, Community, Nation. In: Harzig, Christiane; Räthzel, Nora (Hrsg.): Widersprüche des Multikulturalismus. Argument Verlag, Berlin S.26-42

o *Jung, Eberhard* (2002): Projektunterricht- Projektstudium- Projektmanagement, Gießen. http://www.sowionline.de/methoden/lexikon/projekt-jung.htm
Zugriff am: 27. Dezember 2007

o *Kaschuba, Wolfgang:* Menschen- Landschaften: Kultur als zentrale Identitätsdimension, In: Canaris, Ute (Hrsg.) (2001): Kultur in Nordrhein-Westfahlen. Kohlhammer Verlag, Stuttgart S.18-28

o *Klinke, Harald* (2000): Kulturbegriff heute: Clifford Geertz: Dichte Beschreibung, Beiträge zum Verstehen kultureller Systeme, Institut für angewandte Kulturwissenschaft

o *Rink, Barbara; Altenähr, Adél* (2008): Interkulturelle Kompetenz durch internationale Kinderbegegnung. Ergebnisbericht einer Vorstudie. Deutsches Jugendinstitut e.V., München

o *Schiffauer, S.* (1998): Universalität vs. Kulturalität. In: Heitmeyer, Wilhelm; Dollase, Rainer; Backes, Otto (Hrsg.): Die Krise der Städte. Suhrkamp Verlag, Frankfurt am Main

o *Stagl, Justin* (1993): Der Kreislauf der Kultur, In: Wolfdietrich Schmied-Kowarzik Dirk; Stederoth (Hrsg.): Kultur-Theorien. Annäherungen an die Vielschichtigkeit von Begriff und Phänomen der Kultur. Kasseler Philosophische Schriften, Bd. 29, Kassel, S.11–32

- *Versch. Autoren* (Okt. 2008): Interkultur, Fachforum zum interkulturellen und interreligiösen Dialog Kongress- Dokumentation, Stuttgarter Impulse zur kulturellen Vielfalt
- *Welsch, Wolfgang* (1997): Transkulturalität - Zur veränderten Verfassung heutiger Kulturen, In: Irmela Schneider; Christian W. Thomsen (Hrsg.): Hybridkultur. Medien, Netze, Künste. Köln, S.67-90

Zeitungsartikel:

- *Die Zeit* vom 30.April.2008, Feuilleton S.55: Die lateinamerikanische Hoffnung, Autor: Constatin von Barloewen

Zeitschriftenartikel:

- *Emotion* vom Mai 2006, Neues Erfahren S.14: Interkulturelle Kommunikation, Autor: Dr. Gabi Kratchowil
- *Infodienst* (April 2006): Kulturpädagogische Nachrichten Nr. 79. Bilden mit Kunst und Kultur.
- *Infodienst* (Juli 2006): Kulturpädagogische Nachrichten Nr. 80. Konzepte interkultureller Bildung.

Internetquellen:

- Bundesministerium für Bildung, Wissenschaft und Kultur Österreich (Hrsg.) (2001): Grundsatzerlass zum Projektunterricht, Dr. Doris Kölbl
  http://www.bmukk.gv.at/medienpool/7616/AEN29.pdf S.2
  Zugriff am: 28.02.2008
- Artikel: Deutscher Kulturrat
  - Deutscher Kulturrat (2004): „Kultur als Daseinsvorsorge“
    http://www.kulturrat.de/detail.php?detail=217&rubrik=4
    Zugriff am: 07. März 2008
  - Deutscher Kulturrat (2007): „Interkulturelle Bildung – eine Chance für unsere Gesellschaft“:
    http://www.kulturrat.de/detail.php?detail=1057&rubrik=4
    Zugriff am: 10. März 2008

o Jörg Hausmann (2001): „Der Austausch zwischen den Kulturen muß reziproker werden“
http://www.kupoge.de/pdf/kumi95/95_66-67.pdf
Zugriff am: 10. März 2008

o Dr. Maja Storch (2001): Identitätskonzepte in der modernen Gesellschaft, Pädagogisches Institut der Universität Zürich,
http://www.majastorch.de\download\identitaet.prn.pdf
Zugriff am: 27. Dezember 2007

o KinderKulturKarawane
- http://www.kinderkulturkarawane.de/2007/tallerdevida/Presse/speyerer_morgenpost_200907.pdf
- http://www.kinderkulturkarawane.de/hamburg2007/index.tm
  Zugriff am: 28. Februar 2008
- GSE- Bildungsarbeit Konkret (2004): Globales Lernen, S. 31-35
- http://www.kinderkulturkarawane.de/2006/daten/pics/GlobalesLernen.pdf
  Zugriff am: 28. Februar 2008

o Senatskanzlei – Kulturelle Angelegenheiten Berlin (2008):
Merkblatt: Projektförderung im Bereich der Interkulturellen Projektarbeit
http://www.berlin.de/sen/kultur/programme/interkultur/
Zugriff am: 10. März 2008

o UNESCO (2005): Übereinkommen zum Schutz und zur Förderung der Vielfalt kultureller Ausdrucksformen. Paris
http://www.unesco.de/konvention_kulturelle_vielfalt.html?&L=0
Zugriff am: 07. März 2008

o UNDP (2006): Kulturelle Freiheit in unserer Welt der Vielfalt, Berlin; Paris
http://www.culturalpolicies.net/web/files/47/en/diversite_rapport_etape_allemand-1.pdf
Zugriff am: 28. Februar 2008

Filmmaterial:

- Rythm is it, von Thomas Grube und Enrique Sánchez Lansch, © 2004 BOOMTOWN*MEDIA* GMBH&COKG. Berlin
- Video: Taller de Vida auf Tour mit der KinderKulturKarawane 10.2007 Stuttgart Quelle: © Marc Terre des Hommes, Stuttgart

Zusätzliches Material:

- Interviews:
  - Mündlich am 26. März 2008, zur KinderKulturKarawane: Ralf Claaßen
  - Schriftlich per E- Mail 11.April 2008:
    Teilnehmerin/Akteurin und Tänzerin bei Taller de Vida: Yesenia Moreno
- Konzepte und Arbeitsentwürfe des Projekts „Taller de Vida“ aus Bogotá
  - Taller de Vida (o.J.): Hoja Institucional. Centro de desarrollo y consultoria psicosocial
  - Skript und Hintergrundinformationen zu dem Tanz- Theaterstück *Corazon de Cebolla*: „Libreto- Corazon de Cebolla“ vom 02.03.2007
  - Begleitmaterial und Aufzeichnungen während der Tour im Oktober 2007
- Begleitheft Taller de Vida: KinderKulturKarawane 2007
- Fotos: © Teresa Majewski Oktober 2007

8 Abkürzungsverzeichnis

a.a.O.	an anderem Ort
Abb.	Abbildung
ebd.	ebenda
Bd.	Band
Bde.	Bände
f.	(die) folgende Seite
ff.	(die) folgenden Seiten
GSE	Gesellschaft für solidarische Entwicklungszusammenarbeit
Hrsg.	Herausgeber
insb.	insbesondere
o.J.	ohne Jahresangabe
Org.	Original
o.S.	ohne Seitenangabe
S.	Seite
UNDP	United Nations Development Programme

v.	von
vgl.	vergleiche
zit. n.	zitiert nach

Interview/ Experten-Gespräch: Ralf Classen

Interviewerin: Teresa Majewski

Experte: Ralf Classen, Büro für Kultur- und Medienprojekte Hamburg gGmbH

Datum/ Ort: Mittwoch, den 26. März 2008/ Hamburg

*TM: **Wann fand die 1. KinderKulturKarawane statt, wie ist es dazu gekommen und wie erklärt sich deren Name?***

RC: Die erste KinderKulturKarawane fand 2000 statt, hatte aber verschiedene Vorläufer. Der aktuellere Vorläufer kam dadurch zustande, da wir durch Zufall erfuhren, dass im Jahr 1998 eine bolivianische Straßenkinder- Theatergruppe in die Niederlande zum europäischen Jugendaustauschprojekt eingeladen war.

Da wir sowieso seit der Gründung des Büros 1993 stetig Kulturaustauschprojekte gemacht haben, lag es für uns nahe die Zusammenarbeit mit einer Straßenkindergruppe zu probieren.

Wir haben die Gruppe für sechs Wochen nach Deutschland eingeladen und nach großer Begeisterung über die Tour, haben wir sofort daran gedacht diese zu wiederholen. Aufgrund dieser ersten Tour ist die Gruppe im Folgejahr, 1999, von der katholischen Kirche nach Österreich eingeladen worden, woraufhin wir auch Termine in Deutschland vereinbart haben. Der Erfahrungshorizont hat sich erweitert, es entstanden verschiedene Zusammenarbeiten. Beispielsweise mit einer Kollegin der evangelischen Kirche in Hildesheim, die dort in einer Fachstelle für Kultur und zudem im Programmausschuss des Christuspavillons auf der *EXPO 2000* in Hannover tätig war. Da im dortigen Kulturprogramm noch drei Wochen offen waren, hatten wir die Idee Straßenkinder Kulturgruppen einzuladen, um ihnen die Möglichkeit zu geben sich dort zu präsentieren. Das war ein ideologisch sehr tiefsinniger Ansatz, da die *EXPO* „Konzepte für die Zukunft" zur Schau stellte und wir ihnen Ideen für die Zukunftskonzepte der Kinder lieferten.

Die Kirche war begeistert, sodass sich daraus eine Basisfinanzierung für 4 Gruppen entwickelte.

Das andere Projekt, dass auch zur Entstehung der KinderKulturKarawane führte und auch den Begriff der Karawane erklärt, entwickelte sich aus einer Arbeit Mitte der achtziger Jahre bei der wir eine asiatisch-pazifische Kulturkarawane organisiert haben. Zusammen mit Österreich haben wir 15 Künstler aus 11 Ländern im asiatisch-pazifischen Raum eingeladen, die sich im *Asian Council for Peoples Culture* zusammengeschlossen haben. Diese präsentierten eine Gesamtperformance, das Musik-Theaterstück *Grey of Asia*. Zudem bildeten sie drei Untergruppen; ein Musikprogramm, Theater und Programm für Kinder. Sie sind in 3 Bussen getourt und haben sich in bestimmten Städten getroffen, um das Gesamtprojekt gemeinsam zu präsentieren. Selber nannten sie sich *Asiatisch- Pazifische Kulturkarawane*.
Hier wurde der Begriff *Karawane* so prägnant dargestellt, dass wir dachten er würde zusammen mit *Kinder* und *Kultur* eine perfekte Alliteration und eine treffende Beschreibung für unser Projekt liefern.
Der Name trifft bei vielen auf Begeisterung, allerdings ist er auch manchmal unzutreffend, da es ja nicht nur um Kinder, sondern häufig um Jugendliche als Protagonisten geht Zudem entsteht das Missverständnis, dass es sich bei der KinderKulturKarawane um ein „Kinderprogramm" handelt, was nicht zutrifft.

TM: ***Was sind zentrale Anliegen der KinderKulturKarawane?***
RC: Zum einen möchten wir hierzulande die Vielfalt der Kulturen präsentieren und damit deutlich machen, dass es noch mehr gibt, als nur unsere westlich orientierte Kultur. Es ist die Möglichkeit sich hier seriös und qualifiziert darzustellen. Wir möchten ein anderes Bild bieten, von dem, was gemeinhin als „Dritte Welt" bezeichnet wird. Es gibt viele Vorurteile und verfälschte Bilder, bis hin zur Ablehnung von Immigranten. Wir zeigen die Kehrseite davon; hochstehende, vielfältige Kulturen, kreative junge Menschen die ihr Schicksal selbst in die Hand nehmen, die fantastische künstlerische Programme auf die Bühne bringen und letztlich uns hier auch noch etwas beibringen können.
Hier ermöglicht man den Blickwechsel, denn man lässt sich auf eine neue Situation ein. Zudem fördern wir die dortigen Projekte, indem das Selbstbe-

wusstsein der Teilnehmer enorm wächst, was durch das Auftreten und die Kontakte während eines ersten Europa Aufenthaltes ermöglicht wird.
Zusätzlich werden Hintergrundinformationen zu den jeweiligen Ländern und Kulturen geboten. Die meisten Gruppen beinhalten in ihren Stücken das eigene Leben als Handlungsthema wodurch dem Rezipienten der gesellschaftliche Hintergrund vermittelt wird. *(kurze Pause...)*
Wir vertreten, wie auch die UNESCO einen sehr weiten Kulturbegriff, daher bedeutet die künstlerische Darbietung letztlich das Transportmittel für die gesamte Breite von Kultur. Selbstverständlich möchten wir auch Spaß und Unterhaltung verbreiten und das wollen die Kinder natürlich auch.

TM: ***Es wurde eben schon erwähnt, Teilnehmer sind vor allem die Kinder und Jugendliche aus den Gruppen. Wer sind noch Hauptakteure und Teilhaber der KinderKulturKarawane?***
RC: Die wichtigsten Hauptdarsteller sind natürlich die Gruppen selber, die aus den verschiedenen Projekten kommen. Diese werden von Erwachsenen begleitet, die in den Heimatländern die künstlerische Leitung oder die Projektleitung übernehmen. Demgegenüber stehen hier die Menschen die vor Ort die Veranstaltung organisieren, weil diese sich intensive Gedanken machen, warum sie die Gruppe einladen und wie sie dies realisieren. Sie bilden Netzwerke für Organisation, Finanzierung und Öffentlichkeitsarbeit.
Natürlich sind auch die Jugendlichen hier wichtige Teilnehmer, vor allem wenn es um gemeinsame Zusammenarbeit in Workshops, oder um gemeinsames Leben und geteilte Freizeit während des Aufenthaltes in den Gastfamilien geht.
Die hiesigen Jugendlichen übernehmen zudem Verantwortung für Freizeitgestaltung. Es gilt den Besuch gemeinsam mit den Lehrern oder Jugendgruppenleitern vorzubereiten und Lebensräume zu gestalten.

TM: ***Was verstehst du unter Interkultureller Zusammenarbeit und wie gestaltet sich diese bei der KinderKulturKarawane?***
RC: In dem Moment wo man internationalen Kulturaustausch macht, den die KinderKulturKarawane ja ermöglicht, bewegt man sich im Interkulturellen Feld. *(Kurze Pause...)*

Letztlich geht es um drei Ebenen:
Die eine Ebene ist, dass die Projekte mit denen wir zusammen arbeiten selber Interkulturell sind. Beispielsweise gibt es in Uganda 30 verschiedene Ethnien und in Bolivien 14 verschiedene indigene Andenvölker, die in den jeweiligen Projekten mit ihren spezifischen kulturellen Hintergründen berücksichtigt und gefördert werden. Daher wirkt die Arbeit mit Kultur auch friedensstiftend, da die verschiedenen Völker innerhalb eines Landes kriegerisch verfeindet sind oder problematische Vorgeschichten aufweisen. So kann Rassismus in den Ländern selbst ein Problem darstellen. In dem Moment, während ein Projekt diese verschiedenen Völker zusammenbringt, wird bereits auf Interkultureller Ebene gearbeitet.
Sobald man sich hier in Deutschland näher mit einer anderen Kultur befasst, begibt man sich natürlich auch ins Interkulturelle Feld. Diese Gegebenheit ist unser Ziel, das Menschen andere Kulturen kennen lernen und während der Auseinandersetzung mit dieser die eigene Identität hinterfragen und erfassen. Dies ist auch ein Interkultureller Prozess. *(kurze Pause...)*
Die dritte Ebene entsteht dadurch, dass man hier in der Auseinandersetzung mit anderen Kulturen oft auch darauf zurückgeworfen wird, dass in seinem nächsten Umfeld bereits Menschen mit anderem kulturellen Hintergrund leben. Sei es in der eigenen Schulklasse oder in der Nachbarschaft. Dies ist ein Aspekt den wir bereits vor der KinderKulturKarawane in anderen kulturellen Austauschprojekten erfahren haben, dass oft erst der Besuch eines beispielsweise „Bolivianers" bewusst macht, dass die Eltern eines Mitschülers auch Bolivianer sind, das Kind sogar Spanisch spricht und bereits in Südamerika war. Oft wird erst nach einem Projekt bewusst, dass sich in der Schule, in der eine Gruppe zu Besuch war, eigentlich 26 verschiedene Nationen unter den Schülern befinden. Und das hinter diesen Nationen Kulturen stecken, mit verschiedenen Lebenserfahrungen, mit Gewohnheiten, Bräuchen und wie viele Potenziale dies beinhaltet.
Dies alles fördert Interkulturelle Kompetenz, die auch nachhaltige Konsequenzen hat. Wir wissen zum Beispiel, dass Kinder die mit der KinderKulturKarawane in Berührung gekommen sind später für ein freiwilliges soziales Jahr ins Ausland gegangen, was wiederum den Gewinn an Interkultureller

Kompetenz steigert. Wobei ich erwähnen möchte, das Interkulturalität bereits durch das Internet gefördert wird. Wir haben das Gefühl, dass die Jugendlichen durch die neuen Möglichkeiten der globalen Kommunikationen viel offener geworden sind und auch Rassismus ein geringeres Problem darstellt als in akuten Zeiten. Über das Internet rückt die Welt und insbesondere die Jugendwelt zusammen. Wobei es nicht nur um Interkultur und andere Kulturen, sondern vor allem um Jugendkultur geht. Das Internet verdeutlicht und offenbart gemeinsame Lebensinhalte- und Probleme, Interessen und Zukunftsvisionen der Jugendlichen.

Beispielsweise ist der RAP ein internationales Ausdrucksmittel, dessen sich viele Jugendliche auf verschiedenen Kontinenten bedienen und dies über Internet kommunizieren. Dies ist gerade bei Begegnungen innerhalb der KinderKulturKarawane ein Bindeglied zwischen den jungen Menschen aus aller Welt.

TM: ***Eine Interkulturelle Begegnung birgt also viele Potenziale. Gibt es auch Schwierigkeiten und Risiken bei solchen Zusammenkünften?***

RC: Natürlich gibt es auch Risiken. Man kann im Vorhinein nie einschätzen, wo sich der Prozess so einer Begegnung hin entwickelt und wie Reaktionen aussehen. So kann eine Begegnung eventuell auch dazu dienen Vorurteile zu bestärken, wenn es schief läuft. Ich kann allerdings sagen, dass es äußerst selten wirklich Probleme gegeben hat. Diese können beispielsweise bei der Familienunterbringung entstehen, bei der es doch Jugendliche gibt, die Gruppen der KinderKulturKarawane mit rassistischen Bemerkungen belästigen. Dies sind jedoch Risiken, mit denen bei jedem Schüleraustausch oder „Kirchenbegegnungstag" zu rechnen ist. Bei grenzwertigen Fällen sagen wir unseren Tourbegleitern, sie sollten erwägen abzubrechen.

Schwierig ist, dass unserer Freunde aus der dritten Welt meist mit einem „Konsumrausch" konfrontiert werden, der ziemlich dramatisch ist. Sie werden zwar in ihren Projekten in der Regel darauf vorbereitet und unsere Tourbegleiter versuchen auch zu relativieren und auf sozial schwächere Schichten hierzulande oder hohe Arbeitslosenquoten hinzuweisen.

Im Vergleich ist es jedoch nichtig zu der Situation in der die Teilnehmer der Gruppen üblicherweise leben. Folglich könnte ein Problem sein, dass sie hier bleiben wollen. Das ist jedoch noch nie wirklich vorgekommen. *(kurze Pause...)*
Typische Probleme sind natürlich Heimweh oder lästige bürokratische Prozesse während der Vorbereitungsphase mit Visa, Pässen, Flugtickets, Transport von künstlerischem Equipment.
Eine weitere kritische Frage ist: Wie finden sich die Jugendlichen wieder zu recht wenn sie zu Hause sind? Aber da wir ausschließlich mit Projekten zusammenarbeiten, bei denen wir davon ausgehen können, dass diese die Nacharbeit auch leisten können, ist dem eigentlich selten so.

TM: ***Die Vorbereitungs- und Nachbereitungsphase scheint ein ganz wichtiger Aspekt zu sein?***
RC: Ja. Das ist in jedem Fall ein wichtiger Punkt. Und für uns ist es grundlegend zu sagen, wir nehmen nur Projekte bei denen wir ganz sicher sind, dass sie damit umgehen können. Die langzeitige Erfahrung in Bereichen der Jugendsozial-, bzw. Kulturarbeit, die wissen was man Jugendlichen auf so eine Reise mitgeben muss, welche Probleme und Wandlungen während einer Tour stattfinden und wie man sie hinterher wieder auffangen kann.

TM: ***Wie sehen Handlungsmöglichkeiten und praktische Schwerpunkte der KinderKulturKarawane aus?***
RC: Wenn man davon ausgeht, dass die Jugendlichen nun in Deutschland zu Besuch sind gibt es grob drei Möglichkeiten die man machen kann.
Man kann das Bühnenprogramm aufführen, Workshops organisieren oder Begegnungen ermöglichen. Diese Begegnungen können die einfache Freizeitgestaltung sein oder aber auch Zusammenkünfte in Projektform, während denen gemeinsam etwas geschaffen wird.
Letztlich gehören diese drei Formen zusammen. Die Idee ist Begegnungen von und mit Jugendlichen (und auch Erwachsenen) zu schaffen, bei denen einmal erfahren wird, was die anderen künstlerisch mitteilen wollen, aber auch wo alle gemeinsam kreativ sein können.

Je nach Ort und Interaktionspartner unterscheiden sich die Form und Struktur der Begegnung natürlich. Oft gehen die Aktionen über die üblichen zwei Aufenthaltstage der Gruppe hinaus und es finden Projektwochen statt.
Hier gibt es beispielsweise Schulen, die ein Projekt gestalten, in dem sie zwölf Tage mit einer Gruppe intensiv kreativ-künstlerisch zusammenarbeiten, um gemeinsam ein eigenes Bühnenprogramm entwickeln.
Und das bedeutet selbstverständlich, auch bei privater Unterbringung, eine ganz andere Intensität der Lernerfahrungen sowohl auf künstlerischer, als auch auf persönlicher Ebene. Hierbei finden kreative Produktion, Selbstausdruck und künstlerischer Austausch in einer Interkulturellen Begegnung in gleichgearteten Projekten eine Verknüpfung.
Für die Gruppen die herkommen ist so eine Tour ja ein großes Ereignis, das vielerlei Handlungsmöglichkeiten bietet. Die Tour nach Europa will im eigenen Projekt gut vorbereitet werden, es wird an der eigenen künstlerischen Produktion gefeilt und es finden Auseinandersetzungen mit gesellschaftspolitischen und kulturellen Rahmenbedingungen statt.
Hier gibt es Räume um Persönlichkeitsentwicklung und kulturelle Bildung zu gestalten, die meist intensiv genutzt werden.
TM: ***Welchen Stellenwert hat die Arbeit mit kulturellen Medien in solchen Projekten?***
RC: Die Beschäftigung mit kulturellen Medien bekommt hier die Bedeutung eines „Türöffners". Durch das gemeinsame kreativ werden kommen junge Leute unterschiedlicher Herkunft in Kommunikation und Interaktion. Allein schon ein Gespräch bzw. die Diskussion im Anschluss der Aufführung einer Gruppe bedeutet eine Auseinandersetzung mit Kultur und kulturellen Darstellungsformen. Bisher haben wir erstaunlich positive Erfahrungen mit solchen Anschlussgesprächen gemacht, da vielerlei interessierte und „schlaue" Fragen kommen, welche viel Potenzial bergen. *(kurze Pause...)*
Die gemeinsame Arbeit im Workshop hat eine unheimlich lockernde Wirkung. Hier findet automatisch eine Kommunikation statt, die erst über die künstlerische Tätigkeit (z.B Perkussion, Akrobatik, Rap) und dann bald auf die persönliche Ebene übergeht. Workshops enden meist in einem gemeinsamen kreativen Schaffen, zu dem jeder einzelne Teilnehmer seinen Beitrag leisten

kann. Dies verbindet und kulturelle oder Altersunterschiede und Sprachbarrieren werden schnell vergessen. Durch diese Art von Kommunikation wird die erste Befangenheit genommen und es kommt zu weiteren Unterhaltungen.

TM: ***Die Projektmethode, als Alternative zum gewohnten Schulalltag trägt dazu bei, Hemmungen zu überwinden und in demokratischen Prozessen kreative Lösungsansätze zu finden. Was meinst du dazu?***

RC: Ja, das ist selbstverständlich so. Es ist eine sehr offene Form der Zusammenarbeit, in der sich junge Menschen ernst genommen fühlen, da sie selbst die Protagonisten sind und Möglichkeit zur Selbstgestaltung haben. Es gibt eine Gleichberechtigung zwischen der eingeladenen Gruppe und den Schülern, wobei die Lehrer oder Gruppenleiter meistens als Beobachter oder Ansprechpartner eher außen vor stehen. Daher wird die Arbeit eine Produktion von den Jugendlichen alleine, bei der man sich gegenseitig akzeptiert.

Manchmal herrscht auch zwei Tage Ausnahmezustand, Chaos wird zugelassen und der Schulalltag wird durchbrochen. Danach haben alle das Gefühl, sie hätten eine Menge gelernt. Das ist auch insofern schön, da auch die deutschen Jugendlichen merken: „Wir können was!"

Oft haben wir die Rückmeldung von den Lehrern bekommen, wie begeistert sie von ihren Schülern sind, dass sie über eine herausragende interkulturelle und soziale Kompetenz und auch künstlerisches Talent verfügen, dass ihnen zuvor nicht bewusst war. Und das in allen Schulstufen. Vor allem in der Hauptschule gibt es sehr positive Resonanzen.

TM: ***Wie schätzt du die Nachhaltigkeit solcher Lernerfahrungen während der KinderKulturKarawane ein?***

RC: Die Begegnungen sind sehr nachhaltig. Nicht zuletzt durch das gemeinsame Arbeiten, sondern allein schon durch das gemeinsame Wohnen entstehen Freundschaften, die meistens noch über einen langen Zeitraum per E-Mail und Chatroom Kontakt weiter bestehen. Das bedeutet ja auch die Verlängerung einer Auseinandersetzung mit der anderen Kultur.

Es gibt sicherlich auch Jugendliche, die durch die künstlerische Arbeit angeregt wurden weiter zu trommeln, zu tanzen oder zu „rappen“. Zumindest aber werden kreative Ansätze verstärkt und die Wertigkeit von Kreativität für das eigene Leben höher eingeschätzt. Die Jugendlichen sind interessierter und die meisten Schulen laden wiederholt Gruppen der KinderKulturKarawane ein, wodurch sich auch neue Projekte entwickeln.
Das *Goldbekhaus* in Hamburg hat schon zum vierten Mal teilgenommen, wobei das letzte Projekt mit der kolumbianischen Gruppe *Taller de Vida* einen zeitlichen Umfang von zwei Wochen mit großem Abschluss- Event hatte.

TM: ***Das kolumbianische Projekt „Taller de Vida“ war bereits zum wiederholten Male mit der KinderKulturKarawane unterwegs?***
RC: *Taller de Vida* war bereits das dritte Mal dabei, in wechselnder Besetzung der Jugendlichen. Insofern hat es für die Gruppen eine nachhaltige Bedeutung, weil die Reise in Kolumbien vorbereitet werden muss und vielfältige persönliche, künstlerische und kulturelle Auseinandersetzungen zuvor stattfinden. Die Organisation vor Ort in Bogotá erfordert viel Engagement und Idealismus, da die Jugendlichen teilweise sechs Wochen in der Schule und zu Hause fehlen, wo sie häufig auch helfen und arbeiten müssen. *(kurze Pause...)*

Die KinderKulturKarawane arbeitet grundsätzlich nur mit Projekten zusammen, deren Teilnehmer aus schwachen sozialen Verhältnissen stammen, daher bedeutet es für die Gruppen die hierher kommen, die Verwirklichung eines Traum und ein erheblicher Schritt ins Leben.

TM: ***Wo siehst du zentrale Entwicklungspotenziale bei den Teilnehmern der Gruppe?***
RC: Die Kulturarbeit selbst ist für die Kinder und Jugendlichen ein Bewusstwerdensprozess. Zum einen bekommen sie über die künstlerische Arbeit, auch wenn diese aufgeführt wird, ihre Würde zurück, finden zu ihrer eigenen Identität und bauen ein enormes Selbstbewusstsein auf, wodurch sich neue Perspektiven entwickeln. Das Bild, welches sich vorher durch schlimme Lebenserfahrungen festgesetzt hat wandelt sich um in: „Ich kann ja doch was!“

Vor allem lernen sie auch ganz grundsätzliche Fähigkeiten: Verantwortung für sich selbst und die Gruppe übernehmen, Sozialmanagement untereinander, Konfliktlösung, zielgerichtetes Organisation, Verlässlichkeit, Pünktlichkeit. Verlorene Interessen und Zukunftspläne werden neu entdeckt und angegangen.

TM: ***Welchen Beitrag kann ein Projekt der KinderKulturKarawane zur Persönlichkeitsentwicklung leisten?***

RC: Viele Jugendliche schaffen, nach längerer Arbeit in den Projekten und nach einer Tour mit der KinderKulturKarawane den Sprung zurück in die Schule. Manche beginnen sogar zu studieren oder gestalten ihr künstlerisches Talent.

Es gibt auch zahlreiche Teilnehmer, die sich danach als Ärzte oder Anwälte für die „Leidensgenossen" im eigenen Land einsetzen. Das sind enorme Persönlichkeitsentwicklungen.

Dafür ist es natürlich wichtig in die große weite Welt zu kommen, weil dann die Erfahrungen zu Hause mit Distanz betrachtet werden können und sich potenzieren. Sie lernen andere Lebenskonzepte aus anderen Kulturen kennen, wodurch die eigene kulturelle Basis hinterfragt wird: Wer bin ich? Was kann ich? Wohin will ich?

Es bedeutet eine unheimliche Stärkung des Selbstbewusstseins von uns Europäern Beifall zu kriegen. Die Projekte bekommen im eigenen Land einen guten Ruf und erfahren Anerkennung, weil sie teilweise schon öfters in Europa waren und man mitbekommt, dass sie dort fantastische Arbeit geleistet haben und die Menschen begeistert sind. Dieser Prozess wirkt im Endeffekt auf jeden einzelnen Teilnehmer, das persönliche Selbstwertgefühl steigt enorm. Zusätzlich steigt das Verantwortungsgefühl für das "Gemeinsame" und innerhalb der Gesamtgesellschaft. Man wird sich auch der Identität des anderen bewusster und lernt sich selbst in neuen Situationen kennen.

Wenn man zwei Monate zusammen unterwegs ist entsteht natürlich ein sehr intensiver Gruppenprozess, der erhebliche Auswirkungen auf die Gruppenidentität hat.

Für viele bedeutet es auch eine Möglichkeit sich zu öffnen, teilweise werden

Traumata und schlimme Lebenserfahrungen den Gruppenleitern erst offenbart, wenn sie mit Distanz betrachtet werden können. Auch für die Landsleute, die schon seit einiger Zeit in Deutschland leben, bedeutet ein Besuch der KinderKulturKarawane und auch anderen Interkulturellen Projekten eine Aufwertung und hat positiven Einfluss auf die kulturelle Identität. Sie sehen die Vielfalt ihrer Kultur glaubwürdig und begeisternd dargstellt.

TM: ***Welche Einstellungen, Wahrnehmungen und Ansichten ändern sich bei Rezipienten, bei denen die KinderKulturKarawane vorbeizieht?***
RC: Einmal werden natürlich fremde Lebensentwürfe vorgestellt und wahrgenommen, sowie kulturelle Horizonte erweitert und häufig Vorurteile abgebaut.

Der Kern ist, dass Jugendliche sehen, dass man sein Schicksal selbst in die Hand nehmen kann. Man kann Probleme nicht ständig auf andere abwälzen, sondern man kann auch selbst etwas ändern. Diese Einsicht ist natürlich sehr positiv. Unser Ziel ist es, den Menschen zu ermöglichen, sich ihr eigenes Bild von der so genannten Dritten Welt zu machen und das bestehende von dem „Elend schlechthin" zu verwerfen. Dort leben auch junge Menschen, die etwas können, die gegen ihre Situation ankämpfen und einen Beitrag zur Veränderung in der Zukunft leisten wollen. Es ist sehr spannend zu sehen, dass das Beobachten dessen auch Spaß macht, informativ ist und beeindrucken kann. Es wird offensichtlich, dass es eine beidseitige Lernerfahrung ist.
Besonders die Jugendlichen haben das Gefühl, dass sie unheimlich viel von den Besuchern lernen. Gerade Hauptschüler fühlen sich verbunden mit den anderen Jugendlichen, die vor einer ähnlichen Perspektivlosigkeit standen und nun ein Vorbild darstellen und Modelle für eigene mögliche Lebensentwürfe liefern. Zumindest aber bekommen sie einen Anstoß und erfahren, dass der Arbeitsaufwand dabei auch noch Spaß machen kann.
Während dem Aufenthalt der Gruppe und des Tourbegleiters in Familien finden viele interessante Gespräche statt, die jedem auf ihre Weise von Bedeutung sind. Für die Lehrer oder Gruppenleiter ist es natürlich schön zu erfahren, dass so viel Potenzial in ihren Schülern steckt, dass sich die Mühen und der Organisationsaufwand gelohnt haben und von Kollegen bestärkt und

komplimentiert zu werden. Auch die Schulen sehen die hohe Wirkungsfähigkeit für ihre Bildungsarbeit und sind gerne Teilnehmer der folgenden KinderKulturKarawane. Themen wie Globalisierung sind perfekt eingebettet und veranschaulicht und bekommen für die Schüler eine lebensrelevante Bedeutung. Es ist auch eine Chance den kreativen Bereich einer Schule herauszustellen und die Wertigkeit beispielsweise einer „Trommelklasse" zu erhöhen, oder der Anstoß ein solches Projekt einzuführen, um das sinnliche Lernen zu unterstützen. Im Idealfall entstehen Partnerschaften mit Projekten, Schulen oder Bildungseinrichtungen im Gastland.

Grundsätzlich erfahren alle Beteiligten eine Veränderung in der Begegnung mit anderen Kulturen, sei es im Alltag auf der Straße, im Urlaub oder in der Nachbarschaft. Individuelle Schicksalsschläge werden vermittelt und bewusst gemacht, der Blick wird offener und aufmerksamer.

TM: ***Das birgt unheimliches Potenzial. Wie sieht die Zukunft der KinderKulturKarawane aus?***

RC: Das bleibt natürlich offen. Was sich aber abzeichnet ist das immer größer werdende Interesse an längerfristigen Projekten. Die Idee zum intensiven künstlerischen Austausch mit Schulklassen stößt auf immer mehr Begeisterung und wird zukünftig die Zusammenarbeit verstärken. *(kurze Pause...)*

Eine spannende Frage ist, ob es zu ermöglichen ist, dass auch Gruppen aus Deutschland in das andere Land gehen können um sich dort mit den Lebensweisen und kulturellen Gegebenheiten auseinandersetzen können. Dadurch würde die Gleichberechtigung eines Austauschs verdeutlicht.

Es wäre schön und das Potenzial ist vorhanden, wenn man das „Kontakt halten" institutionalisieren könnte. Die aktuelle Frage der Gestaltung, oder wie Paten- bzw. Partnerschaften zustande kommen ist sehr interessant und bietet zahlreiche Entwicklungspotenziale.

TM: Vielen Dank!

Fokussiertes Interview: Yesenia Moreno
Übersetzung aus dem Spanischen: Teresa Majewski

Interviewerin: Teresa Majewski, Hamburg- Deutschland
Interviewte: Yesenia Moreno, Tänzerin und Teilnehmerin bei *Taller de Vida*, Bogotá- Kolumbien
Datum: 11 April 2008, Medium: schriftlich per e-mail

TM: ***Wann hörtest du von <Taller de Vida> und seit wann bist du selbst dabei?***
YM: Ich habe Taller de Vida im Januar 2001 kennnengelernt, bei einem psychosozialen Projekt für Frauen, die vertrieben wurden.
TM: ***In was für einer emotionalen und sozialen Situation befandest du dich, als du zu Taller de Vida gefunden hast?***
YM: Meine Situation war sehr konfus, durch den Konflikt den Kolumbien erlebte und noch immer erlebt. Hierbei wurde mein Vater von den *farc* (Anm. *Fuerzas Armadas Revolucionarias de Colombia* – Volksarmee aus Kolumbien) hingerichtet und meine Familie und ich wurden vertrieben und befanden uns auf der Flucht.
TM: ***Welches war dein zentrales Ziel und welche Erwartungen stelltest du an Taller de Vida?***
YM: Das Ziel war Teil einer Gruppe oder eines Kollektivs zu sein, wo die Stimme der Jugendlichen auf eine andere Weise als mit Waffen erhört wird. Es war mir wichtig mehr über den Konflikt zu erfahren und anderen helfen zu können, die ebenfalls eine ähnliche Situation erlebt haben.
TM: ***Mit welchen Methodologien arbeitetest du in den Projekten von Taller de Vida?***
YM: Das Fundament der Methodologie war das Psychosoziale, so wurden deine Erfahrungen wiedergegeben und übnerwunden. Sie nutzten aber auch als Strategien die Kunst, Tanz, Theater, Musik und Capoeira.

TM: **Für dich, als Tänzerin ist es sehr wichtig die Möglichkeit zu haben, dich auszudrücken und dich als Künstlerin selbst zu verwirklichen. Die Kunst es ebenso ein wichtiges Medium in der Arbeit von Taller de Vida .Wie verbindest du die künstlerische mit der psychosozialen Arbeit? Wie verbindest du deinen künstlerischen Ausdruck mit deinem persönlichen Leben? Hilft dir die Kunst im Alltag zu überleben?**

YM: Der künstlerische Ausdruck wird offensichtlich, weil die psychosoziale Arbeit mit der ästhetischen Praxis einhergeht. Man könnte sagen, von dort aus kanalisiert es sich, es wird verknüpft, weil alle Workshops - zum Beispiel über Menschenrechte- durch bildende Kunst und Bewegung umgesetzt werden, und sodurch effektiver werden, weil nichts „starr" ist und weil die Jugendlichen andere Alternativen mögen, die neu für sie und ihr Leben sind. Bezogen auf mein persönliches Leben hat die Arbeit mit Taller de Vida es mir erlaubt, das Leben auf eine andere Art zu sehen; zu glauben, dass man trotz des Schmerzes ein besseres Morgen gestalten kann, dass es andere Ausdrucksformen statt Gewalt gibt, und zudem erlaubt es mir jetzt, beruflich qualifiziert mein eigens Geld zu verdienen.

TM: ***Die Jugendlichen, die bei Taller de Vida teilnehmen, hatten tiefgreifende Erfahrungen in ihrem Leben, hervorgerufen durch den bewaffneten Konflikt. Diese umfassen auch negative Einflüsse in ihrem Selbstbewusstsein und ihrer eigenen Identität. Welche Potenziale entwickeln die Teilnehmer auf der sozialen und persönlicher Ebene während ihrer Arbeit mit Taller de Vida?***

YM: Durch die Kunst wird Heilung gesucht, und durch jede Erfahrung, die sie erleben, entdecken sie, dass sie ein Recht auf ein würdevolles Leben mit vielen Möglichkeiten haben. Auf der anderen Seite lernen sie, ihren Körper mit einem anderen Blick zu sehen, er ist mehr als nur Objekt, dass dem Gegners zum Morden dient. Sie lernen dadurch, dass sie durch die Kunst andere Möglichkeiten des Ausdrucks und der Akzeptanz durch den Anderen haben.

TM: ***Welche Unterschiede erkennst du, wenn du die Situation der Jugendlichen bei Beginn der Arbeit mit Taller de Vida und heute vergleichst, in Hinsicht auf Selbsterkennung, Selbstbestimmung und neuen Perspektiven?***
YM: Es sind Jugendliche mit mehr Selbstsicherheit und mit mehr eigener Entscheidungskraft in der Gesellschaft. Sie sind sich über den Konflikt und dessen Konsequenzen bewusst, den Kolumbien erlebt. Sie sind junge Menschen die jetzt ein Lebensprojekt haben und weiter aufbauen. Sie sind junge Menschen, die sich bewusst darüber sind, das Waffen und den Gegner töten keinen Konflikt lösen.
TM: ***Hast du seit Beginn in der Interkulturellen Zusammenarbeit mit der KinderKulturKarawane mitgearbeitet? Welche essentiellen Wandlungen siehst du in der Persönlichkeitsentwicklung der Jugendlichen von Taller de Vida während der Tour mit der KinderKulturKarawane?***
YM: Das kommt sehr auf die Teilnehmer an. Bei einigen konnte ich beobachten, wie sie entdecken dass sich durchaus durch Theater oder durch den Tanz die Stimme der Denunzierten erheben kann, dass man wie es auf den Touren üblich ist andere Orte sensibilisieren kann, wo über den Konflikt kein oder sehr wenig Wissen herrscht.
TM: ***Welche Erfahrungen hast du vor und bei der Nachbereitung der Tour gemacht? Welche Eindrücke sind dir besonders geblieben?***
YM: Es wird erreicht, dass die Jugendlichen mit mehr Sicherheit über eine Problematik sprechen, dass sie positive Vergleiche zwischen einer anderen Gesellschaft und der unseren ziehen und welche Beiträge man leisten kann, zu sehen welche Bedeutung andere Kriege in einer Gesellschaft hatten.
TM: ***Welche essentiellen Veränderungen siehst du in der Identitätsfindung der Jugendlichen von Taller de Vida?***
YM: Sie merken, dass es möglich ist, Sachen zu erreichen, wie zum Beispiel eine Reise, ohne einer hohen Klasse anzugehören und als Menschen angesehen und würdevolle Personen behandelt zu werden. TM: *Vielen Dank!*

Abb. 1: Danza del hambre

„Tanz des Hungers".

Auf der Flucht stehen Hunger und Hoffnungslosigkeit an der Tagesordnung. Die bedeckten Gesichter stellen ein Symbol für die Orientierungs-, Perspektiv- und Identitätslosigkeit, Entwurzelung und „Gesichtslosigkeit" dar. Die Koffer sind das einzige Hab und Gut was geblieben ist.

Abb. 2 „Desaparecida“

„Verschwunden“

Eine Mutter sucht verzweifelt nach ihrer Tochter, die nach einem Überfall vom Militär verschleppt wurde. Nach einer langen Flucht in Bogotá angekommen, klagt sie bei der Justiz, doch die will nichts von ihrem Unglück wissen.

Abb. 3 „*Encuentro con el monstro del militár*"

"Begegnung mit dem Militär-Monster"
Rafáel begegnet beim Spielen in *Cazucá* den Militärs, die versuchen ihn mit materiellen Versprechungen zu locken. Nach der Zwangsrekrutierung verbringt er einige Jahre als „Kindersoldat" in der Gewalt des Militärs.

Abb. 4 „Danza de las victimas“

„Tanz der Opfer“

Nach der Rückkehr vom Militär wird Rafáel von der Vergangenheit eingeholt. In immer wiederkehrenden Alpträumen, dargestellt durch den „Tanz der Opfer“, begegnen ihm die Menschen, die er auf dem Gewissen hat.

Abb. 5. „Un neuvo Hogar“

„Eine neue Heimat”

Am Ende der künstlerischen Darbietung *„El Corazón de Cebolla“* steht der Traum und neugeschöpfte Hoffnung auf eine neue Heimat. Das Haus symbolisiert die Sehnsucht endlich anzukommen, geliebte Menschen wieder zu treffen und ein friedliches Leben zu führen.

Birgit Fritz

InExActArt

Ein Handbuch zur Praxis des Theaters der Unterdrückten

Unter Mitwirkung von Julian Boal, Barbara Santos, Hector Aristizabal, Sanjoy Ganguly und Ralph Yarrow

ISBN 978-3-8382-0223-5
340 S., Paperback, € 24,90

Erhältlich in jeder Buchhandlung oder direkt bei

ibidem

Dieses Praxisbuch stellt einerseits eine umfassende Orientierungshilfe für die Welt des *Theaters der Unterdrückten* dar, andererseits gibt Birgit Fritz konkrete und sehr praxisnahe Hilfsmittel an die Hand, um beispielsweise einen Basisworkshop für prozessorientierte Theaterarbeit zu gestalten oder um *Forumtheater*-Stücke zu entwickeln.
Birgit Fritz geht ausführlich auf die Arbeitsprinzipien der emanzipatorischen Theaterarbeit und des somatischen Lernens ein, stellt zahlreiche Beispiele für das Leben und die Arbeit von Theatergruppen vor und zeigt faszinierende Möglichkeiten auf, wie das *Theater für sozialen Wandel* erfolgreich mit gesellschaftlichem und politischem Engagement verbunden werden kann, um so mit künstlerischen Mitteln eine generationenübergreifende, energetisch-friedliche und demokratische gesellschaftliche Entwicklung zu bewirken und zu fördern.

"Dieses Buch, das von einer erfahrenen Theaterpraktikerin und Trainerin geschrieben wurde, bietet einige Einblicke in diese Arbeit und unterlegt die ihr zu Grunde liegenden Prinzipien durch einen kurzen Essay von Julian Boal, dem Sohn von Augusto, über die Definitionen von Unterdrückung und durch ein Interview mit Sanjoy Ganguly, dem künstlerischen Leiter der größten und ältesten in Indien tätigen Theater der Unterdrückten-Gruppe, der diese Form des Theaters als eine Politik der Beziehungen sieht, die zu einer Art praktischer Demokratie führt, durch die den Beteiligten das Wort erteilt wird, im Prozess ihre eigene Realität und die Kontexte, in denen sie leben, zu gestalten."

Aus dem Vorwort von Ralph Yarrow

Die Autorin:
Birgit Fritz ist Theateraktivistin und Feldenkraispädagogin sowie Lektorin für transkulturelle Theaterarbeit. Sie beschäftigt sich mit forschendem Lernen und lustvollem Scheitern.

ibidem-Verlag • Melchiorstr. 15 • 70439 Stuttgart • Tel.: 0711/9807954 • Fax: 0711/8001889
ibidem@ibidem-verlag.de

***ibidem*-Verlag**

Melchiorstr. 15

D-70439 Stuttgart

info@ibidem-verlag.de

www.ibidem-verlag.de
www.ibidem.eu
www.edition-noema.de
www.autorenbetreuung.de

Zeitfracht Medien GmbH
Ferdinand-Jühlke-Straße 7
99095 Erfurt, Deutschland
produktsicherheit@kolibri360.de